El amor más excelente

La proclamación
del mensaje Wesleyano

JOHN KNIGHT

CONTENIDO

PREFACIO

Es un mito asumir que todos nuestros pastores y creyentes entienden y, por lo tanto, pueden explicar con claridad las enseñanzas cristianas fundamentales, especialmente las que tienen relación con la santidad y la santificación. Muchos pueden, algunos no.

Cada año en la iglesia se ordenan al ministerio a cientos de hombres y mujeres que asumen responsabilidades pastorales y otras tareas, como predicar y enseñar. A pesar de que cumplieron con los requisitos de estudio y experiencia, un importante número de ellos sólo recibió una instrucción y práctica mínima en la presentación clara de nuestra doctrina distintiva de la entera santificación. Estos siervos de la iglesia merecen que se les ayude a responder a esta tarea que Dios le encomendó.

Además, es un hecho que produce gran gozo, pero que conlleva implicaciones asombrosas, que en algunas iglesias evangélicas el 60 por ciento de la membresía ingresó a las filas de la misma en los últimos diez años (una denominación reportó haber recibido 1.3 millones de miembros en la última década). Obviamente los números de las dos últimas décadas son aún más sorprendentes. Nuestra gente debe ser instruida y discipulada para que conozcan los recursos y disfruten el gozo de representar a Cristo en sus relaciones diarias. Deben ser equipados para poder anunciar a sus amigos y al prójimo las "buenas nuevas" de salvación. Esto genera satisfacción personal y un estilo de vida santo basado en la Biblia.

Este libro pretende ayudar a satisfacer esta necesidad. Mucho del material que se incluye en la Parte II de este volumen ya fue publicado bajo el título *A su imagen: El plan de Dios para un pueblo santo*. Apareció como libro de estudio y se tradujo a varios idiomas. Debido a la calidez con que se recibió, se tomó la decisión de presentarlo en una versión ampliada y revisada. El nuevo título, *El amor más excelente*, se tomó de un sermón del propio autor impreso en *Santifícalos... para que el mundo conozca* (1987) y se publica en la Parte III como un ejemplo de sermón de santidad expositivo.

La Parte I se incluyó para ayudar a los pastores y laicos (i. e., líderes de estudios bíblicos y maestros de escuela dominical) a cumplir con su responsabilidad de anunciar y clarificar la enseñanza bíblica de santidad de corazón y nuestra doctrina *distintiva* de entera santificación. Aunque lo reproducimos parcialmente, apareció por primera vez en 1992 en el libro titulado *Ve... y predica: La predicación en los 90's*, en el capítulo titulado "El púlpito de santidad: Nuestro mensaje wesleyano –crisis y proceso".

Además, se incorporaron ideas y extractos escogidos de *El peregrinaje de santidad: Reflexiones sobre la vida de santidad* (1973; Edición revisada, 1986).

Estas publicaciones del autor, en su original en inglés, son propiedad de Beacon Hill of Kansas City y Nazarene Publishing House y se imprimieron aquí conjuntamente en forma revisada con el correspondiente permiso. Animamos al lector que desee descubrir los añadidos, lo extraído, o las revisiones, a adquirir y referirse a los documentos anteriores.

Al diseñarse este libro para su uso, en primer lugar, como recurso de pastores, maestros de educación cristiana y otros trabajadores religiosos, nos hemos permitido la inclusión de algunas duplicaciones y las hemos señalado con los énfasis adecuados.

Si pastores y creyentes, por medio de este material, son inspirados, desafiados y capacitados a representar en forma vívida –de manera relevante y atractiva– las posibilidades de una vida santa en Cristo al morar el Espíritu Santo en su vida, el propósito de este volumen se habrá logrado "para la gloria de Dios el Padre".

John A. Knight, M.A., B.D., Ph.D.

Parte I

¿PREDICAR SANTIDAD

O

NO PREDICAR SANTIDAD?
(Esta es la pregunta)

"Llamados a ser santos"
1 Corintios 1:2

"*Santidad es una doctrina para que la creamos,*
una experiencia para que la disfrutemos,
y un estilo de vida para que lo vivamos".
– J. B. Chapman

(Santidad –El corazón de la experiencia cristiana)

1

Nuestro llamado santo

La exhortación a predicar la santidad, o cualquier discusión relativa, puede fomentar la impresión de un énfasis desubicado o desbalanceado.

Algunos pueden, erróneamente, inferir que el llamado a predicar la santidad es una apelación a predicar, en el mejor de los casos, un fragmento del Evangelio o, en el peor de ellos, un estrecho provincialismo teológico. Para evitar estas percepciones injustificadas, debemos considerar el tema en un contexto amplio y comprensivo.

Predicar el evangelio de Cristo

Pablo anuncia explícitamente cual debe ser el corazón del mensaje del predicador. Él insistía a los corintios: "Pues Cristo no me envió a bautizar sino a predicar el evangelio, y eso sin discursos de sabiduría humana, para que la cruz de Cristo no perdiera su eficacia" (1 Corintios 1:17, NVI).

La comisión del predicador es predicar el evangelio. Pero, el evangelio es una Persona, no un credo o una doctrina. El evangelio es una Persona, no un ritual. El evangelio es una Persona, no un libro (ni aún la Biblia). Cristo *no tiene* el evangelio, no meramente lo predica. Él es el evangelio. Él es las "buenas noticias".

Nuestro mensaje no es un principio, o una perspectiva, sino una Persona. Por esta razón Osvaldo Chambers observó, "En ningún lugar se nos dice que prediquemos salvación, o santificación, o sanidad divina; sólo tenemos que levantar a Cristo, quien es el Redentor y Él producirá los resultados de la redención en las almas de los hombres".[1] Más explícitamente también, exhorta: "No prediquen salvación; no prediquen santidad; no prediquen el bautismo del Espíritu Santo, prediquen a Jesucristo y todo lo demás ocupará el lugar adecuado".[2]

Cuando predicamos una doctrina en lugar de Cristo, o aparte de Él y de su acción redentora en la cruz, el mensaje se vuelve estéril, impotente y sin sentido. Pero, cuando Él es exaltado el mensaje está vivo, poderoso y es fructífero porque Él prometió: "Y yo, si fuere levantado de la tierra, a todos atraeré a mí mismo" (Juan 12:32).

El corazón de nuestro mensaje debe ser Jesucristo. Pablo levantó el título exaltado de "Cristo", y luego añadió, "*a quien anunciamos*" (Colosenses 1:28, las itálicas son mías). No dice, "que", "acerca de", sino "quien". Predicación ungida es mucho más que proclamar una posición válida, o propagar una doctrina distintiva, o proclamar la verdad en relación a Cristo. Es Cristo mismo que es ministrado a la gente en el poder del Espíritu.

Nuestra predicación no debe, meramente, asumir a Cristo. Más bien, debe ser explícitamente Cristocéntrica —el Cristo preexistente, el Cristo encarnado, el Cristo inmaculado, el Cristo que murió como expiación por nuestros pecados, el Cristo resucitado. *Debemos enfocar nuestra predicación en el Cristo que bautiza con el Espíritu Santo*, el Cristo que es Señor de su iglesia y el Cristo que volverá a tomar consigo a su novia que le espera, la iglesia.

Predicar santidad –la demanda de Cristo

Lo dicho no hace obvia la necesidad del predicador de predicar santidad. Si nuestra tarea es predicar el evangelio que es Cristo, el requerimiento y la posibilidad de santidad y de una vida santa debe ser un aspecto penetrante de este evangelio y, esto es, ser como Cristo.

Los problemas sociales de nuestro día claman por las soluciones que el mensaje de santidad provee. Nada es más relevante a la epidemia de problemas sociales que invaden nuestro tiempo –crimen, divorcio, delincuencia, abuso de niños, culpa que produce todo tipo de disturbios psicológicos, deshonestidad en el gobierno y en los lugares de trabajo, falta de integridad, intemperancia, conflictos raciales e internacionales– que la santidad.

La cita de Richard Taylor es muy adecuada: "Sin santidad de corazón, las llagas políticas, sociales e internacionales pueden ser ungidas con ungüentos y ligadas con vendajes realizados por el hombre, pero nunca serán sanadas. El mundo puede manufacturar muletas para una raza lisiada pero se necesita que el predicador de santidad muestre el camino hacia la firmeza e integridad perfectas".[3]

Sin el capacitador Espíritu de Cristo, la iglesia no tendrá poder para resistir los ataques de Satanás y sus legiones. Por esta causa la iglesia necesita un renovado énfasis en la predicación de santidad, ambos, por su propia consideración y "para que el mundo conozca" (Juan 17:23).

La iglesia no puede enfrentar los desafíos del siglo XXI sin la personificación y anuncio de la santidad, que es el Espíritu de Cristo. Debemos hacer conocidas las respuestas de Dios a los dilemas de la actualidad, y la respuesta de Dios es Cristo. E. Stanley Jones señalaba que "la respuesta de Cristo es el Reino centrado alrededor de la pureza y capacitación del Espíritu Santo".[4]

Como Richard Taylor sugería, si "el tiempo lo demanda", "la iglesia lo necesita", y "el evangelio lo requiere", entonces nosotros como predicadores no tenemos otra opción sino proclamar la liberación del pecado, ambos interno y externo, por medio de Cristo.[5]

Nuestra tarea permanente –predicar santidad y entera santificación

Nosotros creemos que Dios levantó a las iglesias que forman el Movimiento de Santidad para dar testimonio de la "entera santificación". Nuestra primera razón de existir es asegurar a hombres y mujeres que "la sangre de Jesucristo... limpia de todo pecado" (1 Juan 1:7).

Nuestra doctrina *central y cardinal es redención*, en Cristo. Esto está en armonía con las palabras de Pablo: "Porque primeramente os he enseñado lo que asimismo recibí: Que Cristo *murió por nuestros pecados...* que fue sepultado, y que resucitó al tercer día, conforme a las Escrituras" (1 Corintios 15:3-4).

Esta redención se adecua totalmente y satisface la más profunda necesidad humana. La expiación de Cristo, cuando se recibe por arrepentimiento y fe, y, o consagración y fe, no sólo anula *las obras* y la manifestación del pecado –esto es, pecado y pecar– sino la condición de pecado en sí misma, *el propio ser* o pecado interno. La salvación de Cristo trata ambas cosas, los *síntomas* del pecado y la *enfermedad* en sí misma.

Un evangelio tan glorioso necesitamos predicarlo en toda su plenitud. ¿Podrá ser que los ímpetus originales que nos trajeron a existencia como un movimiento, mencionemos, diseminar "la santidad bíblica en esta tierra", esté siendo disipada por descuido o silencio?

Existe el pequeño peligro de que nuestra posición doctrinal sea alterada en lo que afirmamos en nuestros credos oficiales. Sin embargo, aunque la clara afirmación en el Manual permanezca sin cambios, pero pasa inadvertida, existe un gran peligro en la tendencia a "pasar por alto" o ignorar nuestro distintivo doctrinal. Un historiador religioso indicó nuestro peligro: "Las creencias rara vez se transforman en *dudas;* se convierten en *ritual*".[6]

Tal vez existen pastores que no predican santidad porque no se sienten preparados para hacerlo. El fallecido G. B. Williamson, destacado líder evangélico, articuló una respuesta apropiada para este sentimiento de inadecuación: "Es tarea de todos aquellos que son escogidos para predicar santidad, prepararse a sí mismos para responder a ese llamado tan elevado".[7] Un prerrequisito inicial para esa preparación es estar persuadido en su propia mente de que nuestra posición doctrinal está en armonía con las Escrituras. Aún más, uno debe entender las ideas fundamentales asociadas con esta enseñanza y asegurarse a sí mismo de su solidez filosófica y psicológica.

Estas ventajas, que emergen de un estudio cuidadoso y en oración, no deben procurarse por un simple anhelo de debatir el tema ni formular una defensa contra puntos de vista opuestos. Mas bien, son de gran valor porque proveen al predicador mayor convicción y autoridad. Un predicador de santidad debe conocer más que las bases teóricas de la doctrina –se requiere del predicador un encuentro experimental con la realidad de la santificación.

2

Predicar con entendimiento

Santidad no es un tema o énfasis opcional en la fe cristiana. Más bien, es la fe cristiana en sí misma. Uno no puede predicar el evangelio sin predicar simultáneamente santidad que es, según Juan Wesley, "amar a Dios con todo nuestro corazón, alma, mente y fuerzas, y a nuestro prójimo como a uno mismo".[1]

La gente no rechaza o se opone a nuestro mensaje de santidad porque piensan que es un tema aislado o una idea marginal separada del evangelio a menos que, por una predicación o enseñanza equivocada, los hayamos guiado a esa conclusión. Sino, la rechazan porque están equivocados en cuanto a lo que es santidad –o porque no están dispuestos a ceder ante las demandas de Cristo y el evangelio.

Nuestra asignación como predicadores es reemplazar esas ideas equivocadas con enseñanza bíblica correcta; y afirmar la demanda bíblica de un compromiso y obediencia radical y por la limpieza del corazón por medio del bautismo con el Espíritu, que nosotros conocemos como "entera santificación".

Si el predicador entiende el evangelio y el mensaje de santidad, él o ella, entenderá que predicarlo es imperativo. Un verdadero predicador cristiano predicará santidad. Yo creo que los predicadores de hoy están ansiosos por predicar "todo el consejo de Dios".

Como resultado, este capítulo no tiene interés en tratar metodologías o técnicas de predicación, sino más bien presentar las ideas claves que son fundamentales para la comprensión de nuestro mensaje de santidad. Mi oración es que el Espíritu Santo ilumine nuestras mentes y encienda un fuego en nuestro interior que nos lleve a proclamar nuestra doctrina cardinal de santidad (santidad de vida) para la gloria de Dios y nuestra doctrina *distintiva* de entera santificación. Y, lo que es más, reconocer la crítica necesidad de realizar una clarificación adecuada que no tendrá temor de usar la terminología –invirtiéndola en fresca explicación y definición.

Santidad y entera santificación

¿Se predica santidad a nuestra gente? Creo que la respuesta es, "No tan clara o efectivamente como debe ser". Algunas veces los predicadores preguntan, ¿Con cuanta frecuencia debemos predicar santidad? La pregunta surge de un entendimiento superficial de lo que es santidad y predicación de santidad.

¿Hablamos de *santidad* o *entera santificación*? En términos generales, si los predicadores dicen que ellos predican nuestra doctrina distintiva cada vez que toman el púlpito están hablando de *santidad*. Otros pueden decir que predican acerca de ella una vez al mes o cada tres meses. Es más, probablemente están pensando en *entera santificación*.

Los términos *santidad* y *santificación* tienen significados similares y en nuestra predicación improvisada se intercambian con frecuencia. Sin embargo, hay importantes matices de significados que los distinguen, y una vez entendidos pueden ayudar a evitar una variedad de peligros.

Santificación es el acto y/o proceso de la gracia de Dios por lo que un creyente es hecho "santo". *Santidad* es la cualidad de vida que sigue a la "santificación" o de "ser santificado". *Santificación*, entonces, es el medio para llegar a la santidad o vida santa.

Santificación es, en el sentido más amplio, que resulta en santidad o vida santa, un *proceso* de renovación moral y espiritual que comienza con *regeneración* y continúa a través de toda la vida cristiana hasta llegar a la *glorificación* final.

Sin embargo, nosotros creemos que la expiación de Cristo provee más de lo experimentado en esta temprana etapa de salvación o santificación inicial. También afirmamos que junto con el proceso de la renovación del creyente a la imagen de Dios hay un momento distinto e identificable cuando el creyente es, o puede ser, limpiado del pecado en su ser interior, esto es, la condición de pecaminosidad interior. A este trabajo distintivo de la gracia lo llamamos *entera santificación* a diferencia de *santificación inicial*.

A la entera santificación algunas veces se la refiere como una experiencia de crisis. La palabra no pretende connotar una emergencia en el andar cristiano de la persona, sino se refiere a un acto de Dios que acontece en un momento de consagración y fe. Esta segunda obra de gracia es, o puede ser, tan distinta y tan dramática como la primera obra de regeneración –o, tal vez, más aún.

Hemos mencionamos que estamos para predicar a Cristo, quien es el evangelio. El evangelio demanda santidad, que es el diseño de la auto-revelación de Dios en Jesucristo. Una vida santa es el fin hacia el cual Dios trabaja en todas las personas en todo lugar. Las Escrituras nos enseñan esto:

- Dios nos ha escogido "antes de la fundación del mundo, para que fuésemos santos" (Efesios 1:4).

- Dios castiga o disciplina a sus hijos "para que participemos de su santidad" (Hebreos 12:10).

- La Palabra, la Verdad, Jesucristo mismo, es el instrumento de nuestra santificación y santidad (ver Juan 17:17).

- Cristo se dio a sí mismo para redimirnos de toda nuestra iniquidad y "purificar para sí un pueblo propio, celoso de buenas obras" (Tito 2:14).

- Se nos ha dado el Espíritu Santo para santificar –Dios nos ha "escogido desde el principio para salvación, mediante la santificación por el Espíritu y la fe en la verdad" (2 Tesalonicenses 2:13). "No por obras de justicia que nosotros hubiéramos hecho, sino... por el lavamiento de la regeneración y por la renovación del Espíritu Santo" (Tito 3:5).

En resumen, ¡santidad es *salvación*! Convertirse a Cristo es ubicarse en el camino a la perfección moral y espiritual, a una vida de santidad. Reiteramos: La santidad comenzó en la regeneración y será sólo completada en nuestra glorificación en el último día.

En este proceso continuo, que es el peregrinaje del creyente, hay dos momentos distintivos e identificables, que conocemos respectivamente como *conversión y entera santificación*. Conversión es la solución de Dios para la culpa del hombre y produce perdón de pecados. Conversión es la solución de Dios a la muerte del hombre, produce el nuevo nacimiento y vida. Conversión es la solución de Dios a la alienación y enajenación del hombre, y trae reconciliación y adopción en la familia de Dios.

Entera santificación es la respuesta de Dios a la fundamental polución del pecado, pecado embrionario, el ser del pecado, el espíritu de auto-soberanía, la fuente y condición del pecado; y trae limpieza como también coherencia e integridad al ser.

Salvación como liberación del pecado

Salvación, en su sentido más amplio, incluye el comienzo de la obra salvadora de la gracia de Dios y se extiende para liberarnos de los efectos del mal en el mundo presente. Podemos hablar de ello como algo que ya sucedió, una experiencia presente y una esperanza futura. Las Escrituras, al referirse a la salvación, emplean los tres tiempos verbales:

1- En relación al pasado, nosotros "hemos sido salvados" (Efesios 2:8; también 2 Timoteo 1:9 y Tito 3:5).

2- En relación al presente, "los que se salvan..., nosotros" (1 Corintios 1:18; también 2 Corintios 2:15).

3- En relación al futuro, "seremos salvos" (Romanos 5:10; 10:13; 11:26; Mateo 10:22; Hechos 15:11; 1 Timoteo 2:15).

De esta manera podemos comprender que hay justificación bíblica para que en la teología de santidad planteemos la distinción entre salvación inicial en la justificación y regeneración (que ocurren en el momento de la conversión), salvación completa en la entera santificación, salvación continua en la maduración y crecimiento por gracia y salvación final en la glorificación.

Salvación significa "liberación" del pecado. Por eso es correcta la predicación de santidad cuando afirma que en la justificación somos liberados de la *culpa* y *penalidad* del pecado. Simultáneamente en la regeneración somos liberados del *poder* y *el dominio* del pecado. En la entera santificación somos liberados de la *polución* y *corrupción* del pecado. En la glorificación, cuando tengamos un cuerpo resucitado, seremos liberados de la *presencia* y *efectos* del pecado.

En cada etapa somos liberados o salvados continuamente, momento a momento, por la gracia de Dios expresada en la obra expiatoria de Cristo a nuestro favor y obtenida por fe.

Los creyentes algunas veces testifican que "son salvados y santificados", así identifican la gracia en las dos mayores obras: conversión y entera santificación. Pretender decir que fueron salvados y subsecuentemente santificados. La cualidad definitiva de estos testimonios es algo que cada creyente debe procurar obtener.

Sin embargo, los predicadores que pretenden comunicar esta doctrina distintiva necesitan saber que esta popular terminología no es del todo bíblica. La verdad es que uno es *inicialmente* santificado cuando es inicialmente salvado y está *siendo salvado* cuando es enteramente santificado. Estaría más de acuerdo con el uso según las Escrituras decir que uno no es salvado hasta que se santifica *enteramente*. Wesley se refería a estos como "*verdaderos* creyentes". Pero, aún esto, no es la representación completa puesto que uno no es *finalmente* salvado hasta el último día cuando uno realiza la amplia entrada en el reino celestial.

Etapas de la salvación

Santidad es la calidad de vida que resulta de ser salvado por medio del proceso y/o acto de santificación. Existen, por lo tanto, grados de santidad y grados o etapas de salvación. Tal entendimiento es imperativo para la predicación bíblica de la santidad. John Fletcher, santo contemporáneo de Juan Wesley, señalaba en su Retrato de San Pablo que si los predicadores van a ser efectivos comunicadores de santidad, ellos deben entender las etapas de la salvación y deben conocer en qué etapa están viviendo sus oyentes.

Cuando hablamos de "predicar santidad", podemos tener en mente uno de dos conceptos que están relacionados pero que son diferentes: (1) el momento de entera santificación, o (2) la vida de santidad, que implica nuestra relación con Dios, la gente y las cosas. Ha habido períodos en el Movimiento de Santidad cuando se descuidó uno de estos dos énfasis. Cuando esto ocurre, lo pagamos caro, pues el desarrollo espiritual de incontable cantidad de personas queda atrofiado, o se reemplaza la total dependencia en Cristo por una autojustificación farisaica.

El énfasis en lo primero es necesario para subrayar la verdad de que la entera santificación se recibe por fe y en un instante. La salvación es por gracia por medio de la fe. Por otro lado, limitar nuestra predicación sólo a la crisis de entera santificación es interpretar la santidad muy limitadamente. Con frecuencia esto ata nuestra predicación a poco más que una perenne exhortación a cierta preconcebida "experiencia", un tipo de chaleco espiritual de "la misma talla para todos". Si no hay nada más que esto, lo que hacemos es simplemente exagerar la metodología y dejamos aspectos de la vida de santidad, como morales y relacionados con la vida diaria, a oscuras. Esto no es exactamente una verdadera predicación de la santidad.

Enfatizar el segundo concepto, separado del primero, deja al creyente con la impresión de que uno puede "crecer hasta la santidad". Un corolario insidioso es la noción de que "nuestro esfuerzo" puede, con el tiempo, producir "esta obra". Además, mantiene al creyente en la constante duda sobre dónde se encuentra en su jornada espiritual. El resultado es sentir la constante necesidad de tomar el "pulso espiritual", junto con el temor de no haber hecho lo suficiente para ganar el favor de Dios. Obedecer la "ley" puede llegar a ser más importante que mantener una correcta relación con Dios. Autojustificación, que es lo opuesto al evangelio, hace marchitar el alma.

Mildred Wynkoop describe poderosamente esta consecuencia: "Cuando la dinámica de la teología de santidad disminuye, sus ideales tienden a traducirse en un moralismo que aísla la gente de la vida en la que necesitan estar inmersas. El moralismo lleva a la bancarrota espiritual".[2]

La verdadera predicación de santidad considera ambos, la *crisis* y el *proceso*, de manera deliberada y completa. La mejor forma de lograr esto es predicar el evangelio de Cristo en su plenitud. Wynkoop añade:

> *Sólo el característico acercamiento espiritual y moral del mensaje del Nuevo Testamento continúa latiendo con vida a través de los siglos, y −más milagrosamente aún− a través de la vida en continua expansión de la persona.*
>
> *El verdadero mensaje de santidad no se agota a sí mismo en asuntos que son descartados por una psique creciente.*
>
> *La madurez nunca la hace [la santidad] anticuada. La santidad, apropiadamente predicada, no tiene techo. Es tan grande como el futuro y más desafiante que la más profunda capacidad que ser humano alguno pueda explorar.*[3]

La predicación de santidad bíblica relaciona el imperativo moral con la experiencia humana. Presenta el reclamo de Cristo sobre cada faceta de la personalidad y sus relaciones.

El predicador de santidad debe recordar que aunque a veces el Espíritu convence de algo no ético, el trabajo primario del Espíritu Santo es revelar aquello que en el ser humano destrona al Señor Jesús en la vida y le impide ser el Señor soberano sobre todo.

El predicador de santidad, por lo tanto, sabe que su tarea no es convencer al otro de su pecado, ni siquiera del pecado innato que yace profundo en el corazón humano. Sin embargo, el Espíritu usa la predicación de santidad para convertir aún al inconverso. Quien sea que fuera la audiencia –inconverso o creyente que aún no es "enteramente" santificado– de acuerdo con Wesley, debemos predicar la santidad "siempre a manera de una promesa; siempre intentando atraer no empujando".[4]

Algunas iglesias de santidad se distinguen por llamar a los creyentes traídos a este estado de santidad usando la frase "enteramente santificado". Wesley llamó a esas personas "completamente cristianos" y "padres en Cristo". Fletcher pensó que estas personas desarrollan su existencia espiritual en la "dispensación del Espíritu Santo".

Esta doctrina distintiva que describe esta etapa de santidad se declara de la siguiente manera en los Artículos de Fe de algunas denominaciones pertenecientes al movimiento de santidad:

"Creemos que la entera santificación es aquel acto de Dios, subsecuente a la regeneración, por el cual los creyentes son hechos libres del pecado original, o depravación, y son llevados a un estado de entera devoción a

Dios y a la santa obediencia de amor hecho perfecto. Es efectuada por el bautismo con el Espíritu Santo y encierra en una sola experiencia la limpieza del corazón de pecado, y la presencia permanente del Espíritu Santo, dando al creyente el poder necesario para la vida y servicio.

La entera santificación es provista por la sangre de Jesús, es efectuada instantáneamente por fe, y es precedida por la entera consagración; y el Espíritu Santo da testimonio de esta obra y estado de gracia. Esta experiencia se conoce también con varios nombres que representan sus diferentes fases, tales como "perfección cristiana", "amor perfecto", "pureza de corazón", "bautismo con el Espíritu Santo", "plenitud de la bendición" y "santidad cristiana".[5]

La afirmación clave puede también indicarse de la siguiente manera: Entera santificación es una obra divina que produce por fe e instantáneamente: (a) libertad o limpieza del pecado original (el espíritu de pecado); (b) seguridad a través de la presencia continua del Espíritu Santo que capacita para el servicio; y (c) completa devoción a Dios.

Estas ideas pueden ser predicadas claramente en un solo mensaje, o, preferentemente, en una serie de sermones. Nosotros debemos asumir que nuestros oyentes, o, aceptan la doctrina de santidad y entera santificación, o, aceptarán al ser convencidos sobre la base de la Escritura. En consecuencia nuestra predicación debe ser bíblica y debemos empeñarnos en hacerlo con más claridad y entendimiento.

El predicador, especialmente el predicador de santidad y entera santificación, no sólo debe predicar de esta manera para ser entendido sino que también debe hacerlo *para no ser malentendido*. El predicador debe sobreponerse a ciertas concepciones equivocadas y asunciones falsas sostenidas por sus oyentes. Estos conceptos erróneos pueden dificultar al creyente para que alcance la "plenitud de bendición" o de guiar a otros a "un camino más excelente".[6]

Aclaración de nuestro mensaje —bíblico, teológico, psicológico, ético

Cada predicador de santidad y entera santificación debe conocer la lista de los 30 versículos bíblicos favoritos de santidad y santificación de Juan Wesley.[7] No todos demuestran con claridad un énfasis en una segunda obra de gracia, pero sí describen las características de la persona enteramente santificada.

Creemos que la entera santificación propina un golpe mortal a lo que llamamos "depravación" o egocentrismo.

Sin embargo, para clarificar nuestro mensaje *bíblicamente*, como predicadores debemos buscar evitar clichés y términos que puedan causar problemas de entendimiento. Por ejemplo, si el término *erradicación* confunde a algunos, la verdad puede ser preservada —como debe ser— usando términos bíblicos como *crucifixión* o *dar muerte*. Los escritores bíblicos usaron palabras fuertes y decisivas como purgar, purificar, quitar la escoria, eliminar, anular, abolir, poner fin a, disolver, derretir, crucificar, separar, mortificar, matar, hacer extinto (Ver Romanos 6:6, 11; Colosenses 2:11).

Además de predicar santidad y entera santificación efectivamente, debemos emplear términos positivos como *descansar en fe, plena salvación y suprema salvación*.

25

Si nuestro mensaje se basa en la experiencia, la razón y la Biblia, entonces nuestra predicación será *teológicamente* correcta y *psicológicamente* creíble. De la misma manera que ningún pasaje de la Escritura se halla aislado de otros, ninguna doctrina se puede tratar separada del resto. Casi todas las doctrinas históricas de la expiación se relacionan únicamente a la justificación. Es obvio que los teólogos históricamente han dejado aquí algo de lado. Nuestra predicación de santidad y entera santificación debe estar relacionada con la obra de Cristo en la cruz. Como veíamos en la anterior advertencia de "predicar a Cristo".

Debemos clarificar nuestro mensaje *psicológicamente*. Nosotros vivimos en un mundo psicológicamente orientado. A partir de Sigmund Freud las cosas han cambiado mucho. El predicador de santidad no debe olvidar que Dios trabaja dentro de los límites de la humanidad. Debemos evitar dar la impresión de que entera santificación implica la "destrucción del yo". Jesús nos enseñó que el yo, el yo real, es la persona. En lugar de hablar de la "muerte *del* yo", debemos hablar de "dar muerte *al* yo".

La psicología puede ayudarnos a entender mejor nuestras motivaciones, diferencias, limitaciones y deseos. Sin embargo, las teorías psicológicas vienen y se van. Consecuentemente, es un grave error atar nuestra predicación de santidad a teorías psicológicas anticuadas. La psicología puede ayudarnos a ilustrar la verdad bíblica pero nunca debe transformarse en su sustituto.

El predicador de santidad (vida de santidad) debe clarificar el mensaje de santidad *éticamente*. Debemos delinear pautas basadas en las Escrituras para equipar a los creyentes enteramente santificados para las relaciones de toda una vida.

Debemos predicar tanto el Nuevo como el Antiguo Testamento y no meras ideas condicionadas por aspectos sociales y culturales. El crecimiento espiritual normal, aún así, incluirá una conciencia social en permanente crecimiento y una pasión por la justicia y la rectitud en los asuntos de la nación y de la gente.

Seguridad cristiana

Uno de los distintivos del mensaje wesleyano de santidad es que uno puede saber es limpio de pecado en el ser interior. El predicador de santidad debe estar preparado para declarar como podemos saber que la obra de gracia fue realizada.

Claramente no lo sabemos por medio de nuestros sentimientos, que tienden a fluctuar dependiendo de las circunstancias. Más bien, lo sabemos por medio del *testimonio* y el *fruto* del Espíritu. La doctrina distintiva del wesleyanismo descansa en la seguridad provista por estos elementos bíblicos. La seguridad cristiana incluye el testimonio *objetivo* del Espíritu, que simplemente es la Palabra de Dios y sus promesas (e. g., Juan 1:9; Deuteronomio 30:6).

Pero también sabemos por el testimonio *subjetivo* del Espíritu, que implica el testimonio *directo* –que no hay condenación sino un sentimiento de reposo y aceptación en la presencia de Dios (Romanos 8:1). El testimonio subjetivo *indirecto* es el fruto del Espíritu manifiesto en nuestras vidas por el poder del Espíritu (Gálatas 5:22-23). El Espíritu de Cristo modelado en el quehacer y las dificultades de vida cotidiana verifica la obra de la gracia de Dios en nosotros y nos asegura que tenemos el favor de Dios.

Crecimiento en la gracia

El artículo de fe anteriormente mencionado y titulado "Entera santificación", incluye los dos siguientes párrafos aclaratorios:

Creemos que hay una distinción clara entre el corazón puro y el carácter maduro. El primero se obtiene instantáneamente como resultado de la entera santificación; el segundo es resultado del crecimiento en la gracia. Creemos que la gracia de la entera santificación incluye el impulso para crecer en la gracia.

Sin embargo, este impulso se debe cultivar conscientemente, y se debe dar atención cuidadosa a los requisitos y procesos del desarrollo espiritual y mejoramiento de carácter y personalidad en semejanza a Cristo. Sin ese esfuerzo con tal propósito, el testimonio de uno puede debilitarse, y la gracia puede entorpecerse y finalmente perderse.[8]

Esta vida progresiva es vista en 2 Corintios 3:18: "Por tanto, nosotros todos, mirando a cara descubierta como en un espejo la gloria del Señor, somos transformados de gloria en gloria en la misma imagen, como por el Espíritu del Señor".

Aquellos que imaginaron que la entera santificación es el final del desarrollo espiritual aún no han comenzado a captar la altura, la profundidad y la anchura del significado de santidad. Esta experiencia o relación con Dios por medio de Cristo abre las inimaginables posibilidades de la gracia, a la vez que elimina los estorbos primarios del crecimiento, que es, el espíritu de autogobierno.

Al haber muerto el ser pecaminoso, el creyente enteramente santificado es capaz de reconocer la existencia de fallas y se vuelve cada vez dependiente de Cristo.

El creyente enteramente santificado hace cada esfuerzo para restaurar relaciones rotas. Este cristiano se apresura a pedir disculpas cuando otra persona es sin saberlo e involuntariamente herido. En realidad, la madurez espiritual de un creyente puede ser medida por el espacio de tiempo que transcurre entre la toma de conciencia de una falla o el momento en que el Espíritu la reprueba y el propio esfuerzo para hacer posible la reconciliación.

La tarea del predicador de santidad consiste en asistir al creyente a andar como es digno del llamado (ver Efesios 4:1). Pablo siempre puso a la par la doctrina y la responsabilidad, el dogma y la disciplina, el credo y la conducta. La santidad cristiana no tiene ningún valor si no altera nuestra ética. En una ocasión escuche decir a Ralph Bell, de la Asociación Evangelística Billy Graham: "No es suficiente hablar; el cristiano debe caminar diariamente de acuerdo con su fe". El curso de vida del creyente debe ser diferente. Nuestra meta es "presentar perfecto en Cristo Jesús a todo hombre" (Colosenses 1:28).

Dios honrará la predicación de santidad y premiará a aquellos que lo buscan diligentemente. Pablo aclara esto de manera muy elocuente: "Y el mismo Dios de paz os santifique por completo; y todo vuestro ser, espíritu, alma y cuerpo, sea guardado irreprensible para la venida de nuestro Señor Jesucristo. *Fiel es el que os llama, el cual también lo hará*" (1 Tesalonicenses 5:23-24).

Parte II

A SU SEMEJANZA

El plan de Dios para un pueblo santo

"Nosotros sabemos que el gran fin de la religión
es renovar nuestros corazones a la imagen de Dios,
reparar la total pérdida de justicia y verdadera
santidad que llega hasta nosotros por el pecado
de nuestros primeros padres. Sabemos que toda
religión que no apunta a este fin, que no procura esta
meta, la renovación de nuestra alma en la imagen
de Dios −a su semejanza según fuimos creados− no es
más que una pobre farsa y una mera burla hacia
Dios, que nos lleva a la destrucción de nuestra alma".

– Juan Wesley (*Sermones*)

3

Santidad:
La posibilidad de ser semejantes a Dios

*"La esencia de la verdadera santidad consiste en ser
conformados a la naturaleza y voluntad de Dios".*
– Samuel Lucas

Saber lo que Dios quiere y cómo se pueden alcanzar esos
requerimientos debe atrapar la atención de cada persona pen-
sante. Las Escrituras no dejan duda sobre lo que Dios espera
del hombre. Tanto el Antiguo como el Nuevo Testamento re-
velan su demanda: "Sed santos, porque yo soy santo" (Levítico
19:2; 1 Pedro 1:16).

El estándar divino, aun así, no es arbitrario ni caprichoso.
Dios ofrece lo que Él requiere. Su amor precede su ley. Todo el
registro de sus actos redentores consiste en la historia de los
esfuerzos de Dios para capacitar al hombre para que llegue a
ser aquello para lo que fue creado. Su deseo es establecer un
"pueblo santo", libre de todo pecado y reproducir la imagen
divina en el hombre.

Es difícil comprender el motivo de la tan diseminada confusión en relación a esta enseñanza fundamental a la luz del

mandato de Dios de vivir en santidad y la provisión de los medios para cumplir con este requisito. Con demasiada frecuencia las opiniones y especulaciones humanas han reemplazado las claras declaraciones de la Palabra de Dios. Mientras existe espacio para variedad de interpretaciones en puntos secundarios, el sendero a la santidad es suficientemente claro como para que todo aquel que busca esa verdad no pierda el camino (ver Isaías 35:8).

Dios ha expuesto su propia santidad delante de las mentes y corazones de los hombres como un incentivo para la pureza y la vida santa. Él hace de su propia perfección el estándar para que el hombre pueda lograr rectitud y realización. Así Jesús, la plena revelación de Dios, declaró: "Sed, pues, vosotros perfectos, como vuestro Padre que esta en los cielos es perfecto" (Mateo 5:48).

El lugar obvio para comenzar la búsqueda y descubrir lo que la santidad significa para el hombre es reflexionar en la santidad de Dios según se establece en las Escrituras. Debemos recordar, sin embargo, que el pensamiento abstracto no fue el patrón seguido por los escritores bíblicos. Ellos pensaron en los términos concretos parte de la vida diaria y, de esta manera, llegaron a conocer al Dios viviente a medida que Él se revelaba a sí mismo de manera personal en sus vidas y la historia.

Para analizar la santidad de Dios, entonces, no es necesario considerar algún aspecto de la existencia de Dios demasiado alejado del hombre mismo. Más bien, para pensar sobre cómo es Dios es necesario mirar las formas activas en las que Él se relaciona con el hombre (como haremos particularmente en el capítulo 6) y volver nuestra mirada hacia la muerte y resurrección de Jesús, la encarnación viva de la semejanza de Dios.

Al hacer esto, debemos ser capaces de ver el plan de Dios para su gente –lo que Él quiere que seamos y hagamos, porque su semejanza es tanto el *patrón,* como la *posibilidad* y el *poder* para ser semejantes a Dios.

La santidad de Dios

El reconocimiento más elevado que el hombre puede hacer respecto de Dios es que Él es "santo". Santidad es el fundamento sobre el que descansa toda la concepción de Dios. Es el trasfondo y la atmósfera a partir de los cuales se desarrolla el entendimiento de la actividad divina. Todas las doctrinas de la salvación tienen su base en la santidad de Dios.

Un entendimiento adecuado de la santidad del hombre presupone el ser de un Dios santo y cuyo diseño es impartir su santidad al hombre. No hay regalo mayor que se pueda ofrecer al hombre que compartir la vida divina –la naturaleza santa de Dios.

Aun, siendo tan decisivo como lo es para la vida humana, por mucho que podamos comprenderlo, nunca podemos describir en su totalidad esta cualidad del carácter de Dios. Esto sucede porque la santidad de Dios no es sólo uno de los muchos atributos divinos. Es una cualidad de Dios tan inherente que pertenece a la misma naturaleza de la divinidad. Negar la santidad de Dios es negar la realidad sagrada que constituye la deidad.

La principal palabra hebrea para santidad es *codees,* que, junto con las palabras relacionadas, aparece más de 830 veces en el Antiguo Testamento. Es la palabra más íntima de todas las usadas para referirse a Dios. La palabra "tiene relación con todas aquellas cosas y asuntos en los que Dios y el hombre participan juntos, es la zona fronteriza en donde lo humano y lo divino se superponen".[1] Por esta causa, debemos aproximarnos al estudio de la santidad de Dios con un espíritu de reverencia y admiración.

A. La santidad de Dios es única

Una buena pista para comprender uno de los significados de la palabra *santo*, en lo relacionado a Dios, es su uso litúrgico. Uno de los primeros himnos que se hallan en la mayoría de los himnarios es "Santo, Santo, Santo, Señor Dios Omnipotente". La tercera estrofa dice: "Santo tu eres solo y nada hay a tu lado / en poder perfecto, pureza y caridad".

Este aspecto de la santidad de Dios, su singularidad, se expresa en varios pasajes de las Escrituras: "¿Quién como tú, oh Jehová... magnífico en santidad...?" (Éxodo 15:11). "¿A qué, pues, me haréis semejante o me compararéis? dice el Santo" (Isaías 40:25). "¿Quién no te temerá, oh Señor, y glorificará tu nombre? Pues sólo tú eres santo" (Apocalipsis 15:4*a*).

La declaración bíblica "no me verá hombre, y vivirá" (Éxodo 33:20), expresa el temor que inspira la santidad divina.

1. Santidad y la trascendencia de Dios

Los versículos citados declaran la majestad, la gloria, la soberanía, el insondable misterio que sólo caracteriza lo divino. Solo de Dios se dice que es santo. No existe santidad excepto la que reside en el mismo carácter de Dios o la que por Él imparte a sus criaturas.

La santidad de Dios se refiere a su "otredad" (condición de ser otro, o diferente), a la distinción entre Creador y criatura.

Oseas lo expresa de la siguiente manera: "Porque Dios soy, y no hombre, el santo en medio de ti" (11:9). La palabra hebrea para "santo" (*qadosh*) tiene la raíz de su significado en *aquello que es separado*. Mientras que santidad se refiere a la diferencia entre Dios y el hombre, se refiere positivamente a lo que es Dios, no negativamente a lo que el hombre no es.

"Dios está separado y es distinto porque es Dios. Él no está separado de esto, aquello, o lo otro por ninguno de sus atributos o cualidades. Una persona o cosa puede estar separada, o puede ser separada, porque llega a pertenecer a Dios".[2]

2. Santidad y servicio a Dios

Por esta razón, santidad se atribuye a personas o cosas sólo en un sentido derivado. Cuando la Biblia se refiere a lugares santos, a personas santas, a ángeles santos; etc., significa que estos han sido separados, "santos al Señor". Esto es, le pertenecen a Dios; son canales de su relación con el hombre.

La palabra *separado*, cuando se usa para transmitir el significado de santidad, denota el concepto "separado para" y también "separado de". Separación no es un fin en sí mismo. Lo es, siempre, por un propósito distinto y positivo.

Esta verdad tiene implicaciones significativas para la santidad del hombre. La separación incluida en la santidad (o en el acto de santificar) de las cosas u hombres no es un mero acto de retirarse *de* algo. Cuando se aplica a las cosas, "santidad" no significa separación en el sentido de "situarse aparte". Siempre significa "separado para la deidad, o perteneciente a la esfera de la deidad".[3]

Cuando el término "santidad" es adscrito al pueblo de Dios, implica separación de lo ordinario, del mundo, *apropiado para un propósito para Dios*. Es separación con una meta más elevada, para servir al hombre.

B. La santidad de Dios es pura

Los profetas y los escritores del Nuevo Testamento enfatizaron el carácter personal y moral de la santidad de Dios. Isaías declaró:"Porque así dijo el Alto y Sublime, el que habita en la eternidad, y cuyo nombre es el Santo: Yo habito en la altura y la santidad, y con el quebrantado y humilde de espíritu, para hacer vivir el espíritu de los humildes, y para vivificar el corazón de los quebrantados" (57:15).

Habacuc también afirmó la santidad de Dios o la pureza moral, Su repugnancia hacia lo impuro en el hombre (aunque se cuestionaba sobre la demora de Dios en su juicio): "Muy limpio eres de ojos para ver el mal, ni puedes ver el agravio" (1:13). El salmista habló poderosamente de la cualidad moral de la santidad de Dios: "Has amado la justicia y aborrecido la maldad" (45:7).

Dios es absolutamente santo porque Él posee en su propia naturaleza toda bondad moral posible que excluye todo tipo y grado de mal moral. Santidad es esa parte que da la cohesión a Dios y le causa aborrecer el pecado y admirar la pureza. Lo incita a retardar todo mal moral, consistente con la libertad y responsabilidad del hombre. La completa separación moral de Dios marca el contraste con lo que es impuro y profano, con todo lo que es contrario a su propia naturaleza.

1. Separación del pecado

El significado primario, según lo enseña la Escritura, de la santidad en relación con Dios es separación *del pecado*. Ningún pecado puede ser admitido en su inmediata presencia. Cuando el salmista preguntaba: "¿Quién estará en su lugar santo?", la respuesta recibida fue, "el limpio de manos, y puro de corazón, el que no ha elevado su alma a cosas vanas, ni jurado con engaño" (Salmos 24:3-4). Jesús y el autor de Hebreos expresan la misma verdad: "Bienaventurado los de limpio corazón, porque ellos verán a Dios" (Mateo5:8); "Seguid la paz con todos, y la santidad, sin la cual nadie verá al Señor" (Hebreos 12:14).

Dios no sólo está *separado* del pecado, sino que también está eternamente opuesto al pecado. Pecado es lo exactamente opuesto a su naturaleza. Al ser santo, Él procura la total desaparición del pecado de su universo. El juicio sobre el pecado, según Dios, por causa de su santa naturaleza, se puede ver a través de la Escritura. En ningún otro lugar se revela con más claridad que en el Calvario, donde el Dios santo trae su juicio sobre el pecado: "Un Dios santo, separado del pecado, no pudo negar a su propio Hijo cuando este Hijo, que no conoció pecado, fue hecho pecado por nosotros y sufrió el castigo por nuestros pecados, los pecados del mundo".[4]

Como la santidad de Dios designa su pureza en oposición y contraste a todo lo corrompido o impuro, va mucho más allá de su majestad incluir su perfección moral. "Santidad inmaculada está tan presente en la idea cristiana de Dios, que si el atributo de pureza pudiera ser separado de su carácter, el concepto de deidad desaparecería de nuestra mente".[5]

2. Impureza del hombre

El pasaje bíblico clásico en donde la santidad de Dios es retratada como pureza es Isaías 6. Allí hallamos al vocero de Dios para Judá lamentando la muerte del rey Uzías en el templo. Postrado ante el Señor se le dio un vistazo de la santidad de

Dios: "Vi yo al Señor sentado sobre un trono alto y sublime, y sus faldas llenaban el templo... había serafines... y el uno al otro daba voces, diciendo: Santo, santo, santo, Jehová de los ejércitos; toda la tierra está llena de su gloria. Y los quiciales de las puertas se estremecieron con la voz del que clamaba, y la casa se llenó de humo" (6:1-4).

Una concepción vívida de la pureza divina tal que despertó la comprensión penitencial de la impureza personal del gran profeta. Y confesó: "¡Ay de mí! que soy muerto; porque siendo hombre inmundo de labios, y habitando en medio de pueblo que tiene labios inmundos, han visto mis ojos al Rey, Jehová de los ejércitos" (Isaías 6:5).

De la misma manera que las sombras (de las cosas) son muy distintas en proporción a la brillantez del sol, así es la depravación del corazón humano, es por completo diferente, en comparación con la santidad de Dios. El terror experimentado por Isaías delante de la majestad de Dios evocó un profundo reconocimiento y, a su vez, su confesión de pecados, lo que resultó en una limpieza divina. Uno de los serafines tomó un carbón encendido del altar, tocó la boca del profeta, y dijo: "He aquí que esto tocó tus labios, y es quitada tu culpa, y limpio tu pecado" (Isaías 6:7).

Isaías notó la presencia del Señor y que "sus faldas llenaban el templo", enfatizando su inmanencia. Él no es sólo "alto y sublime", también está cercano y es accesible. Porque Dios es trascendente y puro, demanda santidad; porque es inmanente y lleno de gracia, la santidad es posible.

3. La gloria de Dios

La dramática experiencia de Isaías ilustra un ulterior concepto asociado a la santidad de Dios. La santidad, en su relación a la presencia divina, comprende también la idea de *brillantez*. Aquí es posible observar una afinidad con el concepto de "gloria". Numerosos pasajes hablan de la santidad y la ligan con la presencia de Dios y su resplandor, como la zarza ardiente, descrita como "tierra santa" (Éxodo 3:5). Su presencia en el tabernáculo o el templo se manifestaba por medio de un resplandor llameante que llenaba el lugar de adoración (Éxodo 40:34-38; 2 Crónicas 7:1 ff.). Una columna de fuego indicaba a Israel la presencia de Dios (ver Éxodo 14:24). El libro de Ezequiel con frecuencia usa la palabra "santidad" para representar la gloria divina como el "resplandor de la gloria de Jehová" (10:4). En la dedicación del Templo de Salomón "la nube llenó la casa de Jehová. Y los sacerdotes no pudieron permanecer para ministrar por causa de la nube; porque la gloria de Jehová había llenado la casa de Jehová" (1 Reyes 8:10-11). Más tarde la tradición judía habla de esta experiencia, y de la presencia manifiesta del Señor, como su "Shekinah", o la gloria.

Dios desea que "toda la tierra sea llena de su gloria" (Salmos 72:19), que los hombres conozcan y confiesen su nombre (ver Filipenses 2:10-11). Su santo nombre y su gloria son inseparables. La revelación del Dios santo ha obtenido su fin donde la gloria de Dios es reflejada "como en un espejo" en los corazones de los creyentes (2 Corintios 3:18). Así es que hay una cualidad moral en el concepto de la gloria de Dios, porque en la santa presencia de Dios somos hechos conscientes de nuestra impureza e indignidad, por nuestra inhabilidad de irradiar o reflejar la gloria divina.

C. La santidad de Dios es justa

Los profetas del siglo octavo –Amós, Oseas, Isaías y Miqueas– mostraron una nueva dimensión del significado de la santidad

41

de Dios. Las actuales palabras "santidad" o "santo" no se usan con frecuencia en sus escritos, con la excepción de Isaías. Sin embargo, cada uno de los profetas reiteró el hecho de que Dios, por su propia naturaleza (esto significa, por causa de su santidad), demanda una conducta correcta de sus adoradores y no se conformará con menos.

1. El carácter ético de la santidad

Isaías clara y específicamente conectó santidad y justicia: "Pero Jehová de los ejércitos será exaltado en juicio, y el Dios Santo será santificado con justicia" (5:16). El término "exaltado" es un equivalente de la palabra hebrea "ser santificado". Por lo tanto, el profeta estaba diciendo que este acto de santificar o reverenciar al Dios santo debe ser realizado en "justicia". Esto es, los hombres verán la santidad de Dios por la exaltación o demostración en su medio de una conducta justa.

Cada uno de estos profetas, a su modo, asoció santidad con justicia. Amós condenó a quienes oprimían al pobre, y a quienes permitieron el cohecho y la corrupción con su perversión de la justicia ordinaria entre hombre y hombre y afirma que esto es una negación de su testimonio y su propia práctica religiosa. A la luz del mandamiento de Dios de "odiar el mal y amar el bien", Amós oró fervientemente: "Pero corra el juicio como las aguas, y la justicia como impetuoso arroyo" (5:24; cf. 2:6-8; 5:7-10, 21-23).

Oseas se quejó de que no hallaba confiabilidad en ningún sitio, "porque no hay verdad, ni misericordia, ni conocimiento de Dios en la tierra" (4:1). Él expresó el estándar de Dios para la conducta social: "Porque misericordia quiero, y no sacrificio, y conocimiento de Dios más que holocaustos" (6:6). Por causa del pecado del pueblo Dios nos aceptaría sus sacrificios (8:11, 13).

Isaías observó que el pueblo honraba a Dios con sus labios, pero no con sus corazones. Llamaban a lo malo bueno, y a lo bueno malo. Dondequiera que el profeta mirara en búsqueda de justicia hallaba opresión; en lugar de justicia oía lamentos. En todo lugar los hombres eran profanos y hacedores de mal, se emborrachaban, practicaban cohecho y la corrupción caracterizaba sus vidas (1:23; 5:7, 11-12, 20, 22; 29:13).

Miqueas, tal como lo hiciera Amós, acusó a los ricos de oprimir a los pobres y habló en contra de quienes por la noche se acostaban y tramaban nuevas formas de robar al hombre pobre de lo poco que le quedara. Aún los sacerdotes y profetas salían a buscar lo que pudieran conseguir y no pensaban en ninguna otra cosa excepto acumular riqueza. Miqueas presenta un buen resumen de la predicación de los profetas clásicos en bien conocido pasaje: "¿Con qué me presentaré ante Jehová, y adoraré al Dios Altísimo? ¿Me presentaré ante él con holocaustos, con becerros de un año?... Oh hombre, él te ha declarado lo que es bueno, y qué pide Jehová de ti: solamente hacer justicia, y amar misericordia, y humillarte ante tu Dios" (6:6-8; cf. 2:1-2; 3:11).

Lo evidente aquí es que estos profetas tuvieron un entendimiento de la justicia que brotaba de su conocimiento de Dios y su santidad. Ellos no juzgaban la conducta humana en base a un mero código ético. Su estándar era lo que conocían de la naturaleza del mismo Dios.

2. Justicia y amor

Dios, que es justo y bueno, requiere las mismas virtudes en el hombre. Si Su santidad comprende justicia, entonces, el hombre no puede ser aceptado por Dios mientras viva en pecado o tolere la injusticia. Vivir como si religión es una cosa y "negocios" y "política" otra, dos mundos que nunca se encuentran entre sí, es una afrenta al Dios santo, y acarrea su juicio.

El "Código de Santidad" (Levítico 17–26) muestra la misma conexión indisoluble entre adoración y obra, devoción religiosa y ética práctica, al combinar la ley ritual con la ley moral. Los requerimientos allí comprendidos, como: "amarás a tu prójimo como a ti mismo" (19:18), muestra con claridad que la única santidad aceptable a Dios es la que contiene relaciones correctas y justas con todos los hombres.

Este poderoso énfasis ético continúa en el Nuevo Testamento, que también iguala santidad o pureza moral con una conducta justa.

El lenguaje es explícito: "Vestíos, pues, como escogidos de Dios, santos y amados, de entrañable misericordia, de benignidad, de humildad, de mansedumbre, de paciencia" (Colosenses 3:12); "así como para iniquidad presentasteis vuestros miembros para servir a la inmundicia y a la iniquidad, así ahora para santificación presentad vuestros miembros para servir a la justicia" (Romanos 6:19); "que ninguno agravie ni engañe en nada a su hermano... Pues no nos ha llamado Dios a inmundicia, sino a santificación" (1 Tesalonicenses 4:6-7); "Así que, amados, puesto que tenemos tales promesas, limpiémonos de toda contaminación de carne y de espíritu, perfeccionando la santidad en el temor de Dios" (2 Corintios 7:1); "Y el Señor os haga *crecer y abundar en amor unos para con otros y para con todos...* para que sean afirmados vuestros corazones, *irreprensibles en santidad delante de Dios* nuestro Padre, en la venida de nuestro Señor Jesucristo" (1 Tesalonicenses 3:12-13).

La santidad de Dios y la santidad del hombre

La santidad de Dios se refiere a dos verdades básicas en relación a su ser: (1) *Él está separado, es único y diferente*. Su santidad tiene que ver con su trascendencia u "alteridad", también "otredad" (esta característica no puede ser confundida con estar remoto o distante). Así el hombre permanece frente a Él en admiración y reverencia. (2) *Él es puro, recto y justo*. Este aspecto de su santidad expresa el hecho de la inmanencia o cercanía de Dios, porque Él desea compartir su pureza con el hombre. Así el hombre debe inclinarse ante Él en confesión y penitencia.

R. F. Weidmer afirma: "En la santidad divina radican dos cosas. 1) Dios está aparte y en oposición al mundo, y 2) Él remueve esta oposición por una ofrenda de comunión con Él mismo".[6] Dios desea que el hombre sea lleno de su gloria y poseer una porción de esta cualidad que sólo Él posee. "De esta manera la santidad de Dios es la base de la autocomunicación que se satisface en amor".[7] ¡El Santo es, por esta causa, el Redentor o Salvador!

Aún cuando Dios en su santidad está separado y es "enteramente otro", Él anhela entrar en una relación personal e íntima con el hombre y compartir con él su gloria y su pureza. En relación a esta paradoja escribió H. Orton Wiley, "el amor de Dios es en efecto el deseo de impartir santidad y este deseo es sólo satisfecho cuando las criaturas que lo buscan se rinden en santidad".[8]

Esta benevolente intención existe en Dios desde la eternidad, aún antes del comienzo del tiempo cronológico (Efesios 1:4). Dios hace ambas cosas, crea en el hombre el deseo de obtener su santidad y provee el medio para la satisfacción.

En verdad, todo su quehacer con sus hijos conlleva la intención de producir en ellos santidad –formar así un pueblo santo. Él aún castiga "para lo que nos es provechoso, para que participemos de su santidad" (Hebreos 12:10).

Hay dos temas fundamentales en las Escrituras, tanto en el Antiguo como el Nuevo Testamento, que dan testimonio de la innegable verdad que Dios desea compartir con el hombre su santidad, su naturaleza, su pureza. Estos temas son: la idea del pacto y el hombre creado a imagen de Dios.

A. El pacto de gracia de Dios

La doctrina de la elección, un concepto bíblico sobresaliente, está basado en la santidad de Dios. Los "santos" son los "elegidos" (1 Pedro 1:2). Los "elegidos", "los suyos", son todos aquellos que "le reciben" por medio de su revelación, quienes responden a la ofrenda y condición de su pacto (Juan 1:12).

El pacto del Sinaí estableció a Israel como una unidad nacional y, a partir de allí, la religión hebrea fue la religión del pueblo escogido de Dios. Israel unido vino a ser un "pueblo santo". A este pueblo Dios le dijo: "Ahora, pues, si diereis oído a mi voz, y guardareis mi pacto, vosotros seréis *mi especial tesoro* sobre todos los pueblos; porque mía es toda la tierra. Y vosotros me seréis un reino de sacerdotes, y *gente santa*" (Éxodo 19:5-6).

1. La demanda de obediencia

Dios mismo fue el que originó el pacto. Él únicamente estableció los términos y trazó los preceptos que Israel debía obedecer si el pacto habría de continuar. Por medio de este pacto, Israel fue admitido dentro de la esfera de vida de Dios y así fue santificado. Al admitir a Israel, de ninguna manera Dios dejaba de lado su santidad, sino que Israel era santificado en la *comunión* con Él.[9] Por lo tanto, la santidad de Israel era un regalo condicionado a una continua obediencia.

El hecho de que fuera Dios quien estableció las condiciones bajo las cuales el pacto se sostendría es indicativo de su santidad y justicia, lo que provee el absoluto estándar para el bien y el mal. Todo lo que está de acuerdo con su santidad es bueno; lo que no está de acuerdo con su santidad es malo. Los requerimientos de la ley moral, con sus consecuentes penalidades, pronunciado sobre aquellos que quebrantan esta ley son manifestaciones de la santidad de Dios (ver, e. g., Ezequiel 18:4).

2. Un pueblo santo

Dios, que es santo, quiere y busca un pueblo que sea santo. Por esta razón Él escogió Israel y constituyó la iglesia, el nuevo Israel, para que vivieran *separados, dedicados, consagrados, o puestos aparte* para una función particular para su gloria.

En esta idea de pueblo santo podemos observar algunos de los significados fundamentales de la palabra santo. Significa, como ya sugerimos, estar *"consagrado para el servicio de Dios"*. Este concepto de santidad, comúnmente referido como "santidad ceremonial", se aplica algunas veces en las Escrituras a tiempos, cosas e incluso a las personas (e. g., Éxodo 3:5 "suelo santo"; 35:2 "días santos"; Levítico 27:30 "diezmo santo"; 2 Crónicas 35:13 "ofrendas santas"; Hechos 3:21 "santos profetas"; Efesios 3:5 "santos apóstoles y profetas"). En estos casos el adjetivo "santo" significa "poseído por Dios" o "dedicado a Dios", y no implica cualidad moral como tal, aunque algún contenido ético le esté relacionado.

El verbo *"santificar"* significa "hacer santo" y se aplica a ambos, cosas y personas (e. g., Éxodo 29:36 "altar"; Deuteronomio 5:12 "sábado"; Éxodo 19:22 "sacerdotes"; Mateo 23:19 "el altar... santifica la ofrenda"; 1 Corintios 7:14 el creyente incrédulo "es santificado en la mujer", y viceversa; Juan 10:36 el Hijo, "que el Padre santificó"; 17:19 Cristo se santifica a sí mismo). La palabra *"santificar"* en este sentido es virtualmente equivalente a las palabras *consagrar* o *apartar*. Ocasionalmente, con este significado limitado, se declara que los hombres se santifican (1 Pedro 3:15).

El deseo y la promesa de Dios de poseer un pueblo santo se ve realizado en el Nuevo Testamento en la iglesia cristiana:

> *"Mas vosotros sois linaje escogido, real sacerdocio, nación santa, pueblo adquirido por Dios, para que anunciéis las virtudes de aquel que os llamo de las tinieblas a su luz admirable; vosotros que en otro tiempo no erais pueblo, pero que ahora sois pueblo de Dios; que en otro tiempo no habías alcanzado misericordia pero que ahora habéis alcanzado misericordia" (1 Pedro 2:9-10).*

3. Los que Dios llama

Como el término "santo" se usa en el Antiguo Testamento tanto aplicado a Dios como al pueblo al que el Señor llamó de entre las naciones, también, en el Nuevo Testamento, las palabras relacionadas con "santo" describen a la iglesia, que ha sido llamada del mundo. El término *hagiois* (literalmente, "los santos") se traduce como "santos". Pablo habitualmente se dirige a la iglesia como "santos" (Romanos 1:7; Efesios 4:12).

Consistente con el énfasis del Antiguo Testamento de santidad como separación, todos los miembros de la iglesia, aquellos bautizados en Cristo, son "santificados en Cristo Jesús" (1 Corintios 1:2). Podemos inferir, como lo hace la teología reformada, que todos los cristianos son "santificados" por el hecho de estar en Cristo en el sentido de estar separados del mundo y dedicados a Dios.

George Allan Turner señala que "esto significa que se le atribuye santidad a personas o cosas por el hecho de una relación con la deidad, una relación resultante de la separación de lo común e impuro, y estar dedicados a Dios".[10] Esto se denomina "santidad posicional".

4. El nuevo pacto

Hasta este punto los significados de "santidad" y "santificación" son, esencialmente hablando, sinónimos en el Antiguo y Nuevo Testamento. Aún así, el Nuevo Testamento transforma en fruto la semilla de idea que en el Antiguo Testamento se percibía parcial y únicamente por los antiguos escritores. El autor de Deuteronomio evidencia claramente que Dios desea un pueblo santo, el "pueblo de su heredad" (4:20; 7:6-8; 9:29).

La idea de pueblo santo se desarrolló por medio de los profetas que combinaron este concepto y el de un "remanente justo" como una comunidad santa (Isaías 10:20-22; Jeremías 23:3; 31:7; Amós 5:15; Miqueas 4:7). Jeremías fue más allá aún y prometió un nuevo pacto, que se aplicaría únicamente al remanente santo y se realizaría en su totalidad con la llegada de Cristo: "He aquí que vienen días, dice Jehová, en los cuales haré un nuevo pacto con la casa de Israel y con la casa de Judá. No como el pacto que hice con sus padres el día que tomé su mano para sacarlos de la tierra de Egipto; porque ellos invalidaron mi pacto, aunque fui yo un marido para ellos, dice Jehová. Pero este es el pacto que haré con la casa de Israel después de aquellos días, dice Jehová: Daré mi ley en su mente, y la escribiré en su corazón; y yo seré a ellos por Dios, y ellos me serán por pueblo" (31:31-33).

Bajo el nuevo pacto Dios trataría con la motivación principal del accionar humano. La religión ya no será meramente externa; a partir de ahora la nota dominante será la esencia interior. Hasta ahora las leyes de Dios han sido escritas en tablas de piedra; bajo el nuevo pacto las mismas se escribirán en el corazón, de esta manera el hombre responderá a Dios desde su motivación interna.[11]

Aunque con una figura diferente, Ezequiel, hizo eco de la misma promesa realizada por el Señor:

"Esparciré sobre vosotros agua limpia, y seréis limpiados de todas vuestras inmundicias; y de todos vuestros ídolos os limpiaré. Os daré corazón nuevo, y podré espíritu nuevo dentro de vosotros; y quitaré de vuestra carne el corazón de piedra, y os daré un corazón de carne. Y podré dentro de vosotros mi Espíritu, y haré que andéis en mis estatutos, y guardéis mis preceptos, y los pongáis por obra" (36:25-27).

5. Santidad personal interior

Estas profecías se cumplen en su significado primario al hacer *interno* el significado de santidad en el Nuevo Testamento, y se manifestará externamente por medio de una conducta justa. El templo considerado santo es formado por todos los santos, "la familia de Dios... siendo la principal piedra del ángulo Jesucristo mismo" (Efesios 2:19-20). El "sacrificio santo" demandado es el sacrificio vivo del cuerpo del creyente (Romanos 12:1). La purificación moral o la santificación ética del corazón del pecado (Hechos 15:8-9) llega a ser central en el nuevo pacto y abarca una renovación interna del ser (Juan 17).

Por medio de un nuevo pacto Dios separa a un pueblo para sí mismo por medio de la redención que es en Jesucristo (1 Corintios 1:30-31). Por lo tanto, el autor de Hebreos cita la profecía de Jeremías, "Pondré mis leyes en sus corazones. Y en sus mentes las escribiré". Luego añade:

"Y nunca más me acordaré de sus pecados y trans-gresiones... Así que, hermanos, teniendo libertad para entrar en el Lugar Santísimo por la sangre de Jesucristo, por el cami-no nuevo y vivo que él nos abrió a través del velo, esto es, de su carne, y teniendo un gran sacerdote sobre la casa de Dios; acerquémonos con corazón sincero, en plena certidumbre de fe, purificados los corazones de mala conciencia, y lavados los cuerpos con agua pura" (10:17, 19-22).

Así al Hijo entregó, y dijo
Contigo mi pacto es hecho;
En ti los pecadores vivirán,
La gracia y la gloria tuyas son.
Mi pacto nunca cesará,
Pero manténganse en mi gracia;
Lo que el amor eterno habló;
La verdad eterna mantendrá.

— Isaac Watts

B. El hombre a imagen de Dios

La característica sobresaliente de la concepción del hombre en el Antiguo Testamento es el pronunciamiento de que fue creado a imagen de Dios, a su semejanza (Génesis 1:26ff.; 5:1; 9:6b; Salmos 8:5). Mientras que la imagen Padre-hijo se usa

51

escasamente en el Antiguo Testamento para denotar la relación entre Dios y su pueblo, aún así las expresiones "la imagen de Dios" y "semejanza de Dios" (que esencialmente significan lo mismo) tienen la intención de describir la íntima relación que existe entre un padre y su hijo, como se implica en Génesis 5:3, donde se dice del hijo de Adán que fue a "semejanza" e "imagen" de su padre.

1. Los hijos de Dios

A través del Nuevo Testamento, la relación entre Dios y aquellos que hacen su voluntad se expresa por la figura Padre e hijo:

"Más a todos los que le recibieron, a los que creen en su nombre, les dio potestad de ser hechos hijos de Dios" (Juan 1:12); "Así que ya no eres esclavo, sino hijo; y si hijo, también heredero de Dios por medio de Cristo" (Gálatas 4:7); "Mirad cuál amor nos ha dado el Padre, para que seamos llamados hijos de Dios" (1 Juan 3:1); "Haced todo sin murmuraciones y contiendas, pare que seáis irreprensibles y sencillos, hijos de Dios sin mancha en medio de una generación maligna y perversa, en medio de la cual resplandecéis como luminares en el mundo" (Filipenses 2:14-15).

2. Conformado a la imagen de Cristo

Por la doble virtud de ser creados a semejanza de Dios y llegar a ser sus hijos por la redención provista, el hombre llega a ser como Dios. Desde el principio Dios apreció tanto la santidad y la pureza moral que resolvió crear al hombre según su glorioso prototipo. Así el hombre fue creado santo con la capacidad de portar la imagen divina. A pesar de que el hombre cayó en pecado y perdió el aspecto moral y espiritual de esa semejanza, el propósito original de Dios no cambió. Por esta causa envió a su Hijo, "Cristo, el cual es la imagen de Dios" (2 Corintios 4:4), para restaurar la rectitud primaria, pero perdida, en la naturaleza humana.

El prototipo original –la imagen de Dios, dada a conocer en su totalidad por Jesús– es el estándar divino y una posibilidad gloriosa para el hombre. De esta gran verdad recibimos la seguridad y la advertencia por medio de Pablo: "Y vestíos del nuevo hombre, creado según Dios en la justicia y santidad de la verdad" (Efesios 4:24). El "nuevo hombre" es el carácter moral de Dios, la espiritualidad de su naturaleza, tal cual se revela en Jesucristo.

En Cristo tenemos "preciosas y grandísimas promesas, para que por ellas llegaseis a ser *participantes de la naturaleza divina*, habiendo huido de la corrupción que hay en el mundo a causa de la concupiscencia" (2 Pedro 1:4). En Cristo fuimos elegidos para que fuésemos "hechos conformes a la *imagen de su Hijo* [de Dios], para que él sea el primogénito entre muchos hermanos" (Romanos 8:29).

Ser hecho a la imagen de Dios, participar de su santidad, es ser transformado a la *imagen de Cristo*, porque en Cristo "porque en el habita corporalmente toda la plenitud [incluyendo santidad] de la Deidad" (Colosenses 2:9). Por esta razón somos exhortados a buscar que haya en nosotros "este sentir que hubo también en Cristo Jesús" (Filipenses 2:5).

La necesidad básica más sentida por cada hombre, ya sea que este consciente o no, es ser hecho "imagen de Dios". David expresó elocuentemente este deseo universal: "En cuanto a mí, veré tu rostro en justicia; *estaré satisfecho* cuando *despierte a tu semejanza"* (Salmos 17:15). En quien la semejanza de Dios no se reimprime en su alma, no hay satisfacción permanente. Pero en quien está presente, hay un sentimiento interior de realización, paz de corazón y "reposo" en fe (Hebreos 4:9).

Conclusión

Estas ideas fundamentales de la Escritura –el pacto y la imagen de Dios– personifican dos grandes verdades, que a primera vista pueden parecer mutuamente exclusivas, pero juntas aclaran una perspectiva balanceada de la santidad de Dios. Por un lado, Dios, al iniciar el pacto, llama para sí a "un pueblo santo". Como Él es único y distinto del hombre en su santidad, también requiere que su pueblo se aparte, sea separado para sus propósitos.

Por otro lado, al crear al hombre a su propia imagen y ofrecerle la posibilidad de recrearla por medio de Jesucristo, en realidad comparte su santidad con los hombres. Como Él es puro y justo, Dios espera que los hombres sean espiritualmente limpios y moralmente rectos. La santidad divina envuelve la actividad positiva de ese Otro Personal, quien continúa buscando hacer a los hombres a su semejanza.

Espíritu eterno, escrito por tu ley
En nuestro ser interior,
Permite al Segundo Adán
Recrear su imagen en nuestros corazones.

– Isaac Watts

4

Pecado:
La pérdida de la imagen de Dios

*"Santidad en nosotros es la copia o evidencia de
la santidad que está en Cristo".*
— Philip Henry

Porque el amor que nos tiene impulsa a Dios a compartir su santidad, su naturaleza, es que crea al hombre "a su imagen" (Génesis 1:27). La Biblia, ya sea de manera explícita o implícita, señala que el destino más elevado del hombre es ser portador de la imagen moral de Dios (e. g., Efesios 4:24; Colosenses 3:10).

Los términos "imagen" y "semejanza" se usan de una manera intercambiada en la Biblia para denotar la afinidad entre el hombre y la deidad (c f. Génesis 1:26-27; 5:1, 3). Puesto que "Dios es Espíritu" (Juan 4:24), sin cuerpo o partes físicas, la imagen referida tiene que ser espiritual.[1] Ser hecho a Su semejanza es el hecho que se nos dio un carácter moral como el de Dios, o semejante a Dios.

Algo sucedió

La santidad de Dios no le permitió crear un hombre que no sea bueno (Génesis 1:31), "perfecto" (Ezequiel 28:12, 15), y "recto" (Eclesiastés 7:29). Pero cualquier mirada al transcurso de la historia o vida contemporánea mostrará que el hombre es diferente de la forma que la Biblia declara que fue creado. Hay algo drásticamente malo en el hombre, en toda la raza humana. La fe cristiana identifica esta "maldad" como "pecado", la negación de la santidad y la oposición a la naturaleza y carácter de Dios.

El registro bíblico afirma que el pecado es un intruso. No es "original" en el sentido de ser una parte de la formación primordial del hombre. Es una perversión y profanación monstruosa de la creación de Dios. Afirmar lo contrario equivale a hacer a Dios responsable y contradice todo lo que sabemos sobre su santidad. Pecado es un elemento ajeno, antagónico a Dios y a los nobles intereses del hombre. "No se sujetan a la ley de Dios, ni tampoco pueden" (Romanos 8:7).

¡Pero hay buenas noticias!

Las "buenas noticias" son que Dios en Cristo hizo posible una completa liberación del pecado y una reproducción perfecta de su imagen de justicia y verdadera santidad en esta vida. Para apreciar y poder apropiarnos de esta gran provisión debemos entender el significado y la naturaleza del pecado. De otra manera, existe el peligro de minimizar o malinterpretar la persona y la obra de Cristo.

Fue por esta razón que J. B. Chapman observó que "la concepción que los hombres tengan del pecado es fundamental para todo su pensar y hablar en cuanto a soteriología".[2] La doctrina del pecado es el centro alrededor del cual se forma nuestro sistema teológico entero.

Por lo tanto, en este capítulo y en el próximo consideraremos varios aspectos del pecado para poder comprender más completamente nuestra "salvación tan grande" (Hebreos 2:3). Aquí discutiremos la caída del hombre en el pecado, el origen del pecado, el pecado como desobediencia y el desafío, la pérdida de la imagen de Dios, el pecado de Adán y el pecado original.

La caída del hombre en pecado

Cuando la Biblia habla de pecado, normalmente no nos recuerda la historia de la caída, más bien, lo presenta como algo asumido. Aparte de la aceptación de la caída del hombre, es imposible entender el pecado como la presuposición del mensaje de redención del Nuevo Testamento.

Únicamente una humanidad caída necesita un Redentor. Toda concepción de pecado que no está establecida sobre esta enseñanza niega la existencia del pecado o minimiza su seriedad al hacer un hecho de la naturaleza o una mera cuestión moral en la vida del individuo. La última alternativa debe asegurar que el hombre, dados suficiente tiempo y condiciones favorables, es capaz de oponerse al pecado, o eliminarlo, por sus propios esfuerzos –algo totalmente desaprobado por la historia.

La naturaleza del pecado es vista en muchas maneras. Se dice que lo llamado "pecado" es ignorancia; que es una mera ilusión; que es una falsa subordinación de la razón a los sentidos; que es una limitación necesaria de nuestro ser finito; que es un desbalance social o económico que debe ser corregido por medio de algún proceso dialéctico de la naturaleza; que crece a partir de algún principio eterno del mal; o que es material y está directamente relacionado con la naturaleza sensual del hombre. Todas estas teorías filosóficas humanistas fallan en reconocer el poder intratable y el carácter *personal* del pecado que envuelve una relación rota con un Dios santo.

El origen del pecado

Se hicieron muchos intentos por explicar el origen del pecado. Ninguno de ellos es satisfactorio. Tampoco pueden serlo, porque si la "causa" del pecado puede identificarse, la responsabilidad por ello sería removida del hombre y otorgado a otra fuente previa. Pero la esencia del pecado es la negación del hombre a aceptar su responsabilidad y que, por esta causa, le lleva a culpar a alguien o algo diferente de sí mismo (Génesis 3:11-13). Sea suficiente decir que pecado es la consecuencia del abuso y mal uso de la libertad del hombre. La razón no puede ir más allá de esto y la revelación permanece silenciosa. El hombre fue creado con capacidad moral, con el poder de decidir por sí mismo y hacer elecciones morales. Esta concesión acarrea consigo el poder de escoger tanto el bien como el mal. Todas las criaturas morales creadas por Dios, ángeles y hombres, fueron constituidos con la opción y habilidad de despreciar los límites establecidos por Dios y andar en el camino por ellos elegidos.

Esto es, Dios, quien desea una respuesta libre a su propuesta de santidad y amor, hizo al hombre de tal manera que el pecado era una posibilidad. El pecado, por lo tanto, es *personal* en su origen. Todo lo demás permanece oscuro, pero es cierto que toda la responsabilidad por el comienzo, la continuidad del pecado en el hombre y la práctica del pecado descansa sobre el hombre mismo.

Pecado como desobediencia y desafío

Dios dio a conocer su suprema voluntad a Adán y Eva, nuestros primeros padres. Pero bajo la influencia de Satanás, pero aún libremente y por tanto culpables de sus actos, ellos conscientemente desobedecieron una ley que Dios les había dado para su propio beneficio (Génesis 3:1-6). El pecado del hombre consistió en la transgresión de una ley. No sólo cualquier ley, o la ley en general, sino la ley de Dios. Este aspecto esencial y exclusivo es afirmado por el salmista: "Contra ti, contra ti solo he pecado" (51:4). ¡Pecado no es mera indiferencia en cuanto a alguna ordenanza, es vivir opuestos al Dios viviente! ¡Es el yo en rebelión contra la soberanía de Dios!

De allí, que en el registro de la caída, el pecado es representado como *desobediencia* a un Dios personal y santo, que surge de la *desconfianza y desafía* a Dios. La decisión fundamental para este pecado "original", o primer pecado, fue el deseo de ser "como Dios". Adán deseó estar en el mismo nivel que Dios –ser autónomo y gobernarse a sí mismo. Adán rehusó reconocer que su semejanza a Dios, su bondad, su santidad la obtenía al depender de Dios. Por lo tanto el orgullo lo llevó a separarse de Dios y tornarse hacia su propio yo, insistiendo en sus propios "derechos".

"La raíz más profunda del pecado es... la oposición espiritual de quien entiende libertad como independencia. Pecado es emancipación respecto de Dios, abandono de la actitud de dependencia en Él, en orden de intentar ganar completa independencia, lo que haría al hombre igual a Dios".[3]

Aunque el hombre intentó ser libre y llegar a ser como Dios, no puede tener libertad y santidad separado de Dios. La verdadera libertad y santidad en el hombre son dones derivados de Dios (Juan 8:31-36).

Pérdida de la imagen de Dios

Esta caída en el pecado interrumpió la comunión del hombre con Dios, trayéndole miedo y culpa en lugar de amor (Génesis 3:7-10).

A partir de ese momento ya no vivía a la "imagen de Dios". El hombre escogió hacerse a su propia imagen, una elección que lo privó de rectitud moral, de justicia, de santidad y de la habilidad de hacer lo bueno (cf. Job 11:7-11; Jeremías 10:23; Romanos 7:15). H. Orton Wiley resumió el efecto del pecado en nuestros primeros padres:

> *Las consecuencias inmediatas del pecado del hombre fueron, enajenación de Dios, esclavitud a Satanás y pérdida de la gracia divina... El hombre ya no poseyó la gloria de su semejanza moral con Dios... Privado del Espíritu Santo como el principio organizador de su ser, no podía tener un orden armonioso de sus facultades y, por esta causa, sus poderes se volvieron desordenados. De este estado de desorden siguió como una consecuencia... un apetito carnal descontrolado y una inhabilidad moral o debilidad en la presencia del pecado.[4]*

Previo a la caída, a causa de la gracia capacitadora de Dios y la santidad impartida, Adán era "capaz de no pecar". Posterior a la caída, él fue privado de la presencia y poder de Dios y por ello ya "no fue capaz de no pecar".

A. El don de la gracia previeniente

La caída del hombre, entonces, fue de un "estado de gracia" a un "estado natural". Llego a ser un hombre "natural". Pero Dios no deja al hombre en esta dificultad. Si toda la gracia hubiera sido retirada y mantenida ajena, el hombre no podría ser una criatura moral y, por lo tanto, responsable. Pero este hombre totalmente "natural" no existe, puesto que la gracia preveniente de Dios (la gracia que "va por delante", o "previene") fue dada a un Adán pecaminoso y es dada a todo hombre a través de la historia, le concede al ser humano un grado de libertad y responsabilidad y aún le capacita para realizar ocasionalmente actos de bondad.[5]

La gracia previeniente restaura suficiente libertad moral como para capacitar al hombre para rechazar o aceptar la luz, sea esta la luz del evangelio o de la naturaleza y refrenarlo de aquellos pecados y crímenes que destruirían el orden social. Cuando hablamos de *depravación total* del hombre como resultado de la caída, nos referimos a "total" en el sentido de que el pecado abarcó y pervirtió todos los aspectos de la vida humana. Si el pecado fuera color azul, cada parte del hombre tendría alguna tonalidad de ese color.

La corrupción del hombre no es "total" en el sentido de que no puede progresar en maldad o en el sentido de que su voluntad no tiene la capacidad de responder a Dios. Depravación total significa que el hombre es totalmente incapaz por sí mismo de vencer el pecado. Aún así la gracia de Dios restaura una medida de libertad que le permite aceptar o rechazar la salvación.

B. La imagen "esencial" y la imagen "espiritual"

Por esta gracia que se le dio a los hombres después de la caída –"Aquella luz verdadera, que alumbra a todo hombre, venía a este mundo" (Juan 1:9)– los teólogos han distinguido entre la imagen "esencial", la imagen "natural" o "formal" de Dios en el hombre, y la imagen "espiritual", "moral", o "material". La imagen "esencial" es lo que hace al hombre ser hombre, aún en su pecado. Se refiere a los elementos de personalidad e identidad: intelecto, conciencia, capacidad de escoger, inmortalidad, la capacidad de responde a Dios, entre otros. Estos son dones de Dios *imborrables*. La imagen "espiritual" tiene que ver con la santidad del hombre, su semejanza a Dios.

En nuestra discusión de la "imagen de Dios" debe quedar claro que no nos referimos a una *cosa* o sustancia *en* el hombre. El término, más bien, se usa para describir una relación entre el hombre y Dios.

El hombre no fue hecho con una elección como *si* respondería a Dios. El hecho *de que* el hombre deba responder, es decir, que es responsable por responder, es algo fijo. Ninguna cantidad de libertad humana, ni el maltrato o uso pecaminoso de la libertad, puede alterar este hecho. La responsabilidad es una parte incambiable de la estructura del ser del hombre. Este aspecto de la naturaleza humana, que constituye la humanidad del hombre a diferencia de otras criaturas, es parte de lo que implica haber sido creado a imagen de Dios.

Esta imagen "esencial" o "natural" no puede perderse mientras el hombre sea hombre. Sin embargo, ha sido dañada por lo que el juicio del hombre tiene fallas y, por lo tanto, su cuerpo está sujeto a enfermedades y muerte. No será restaurado totalmente hasta la próxima vida, cuando le sea dado al hombre un cuerpo modelado glorificado por el Cristo resucitado.

El otro elemento de la imagen de Dios –la imagen "espiritual" o "moral"– ha sido *totalmente* perdido y no meramente borrado. Toda la Escritura afirma que el hombre falló en responder a Dios como su Hacedor esperaba y, así, el hombre quedó alienado de la vida de Dios –de su santidad y amor. El hombre reprodujo su propia imagen en lugar de la imagen espiritual de Dios, que fuera totalmente destruida en la caída.

Confundir estos conceptos en relación a la imagen de Dios puede llevar a un gran error teológicamente hablando. Sin una distinción adecuada uno puede reclamar equivocadamente que la pérdida de la imagen de Dios significa a la vez la pérdida de la cualidad humana misma; o que el hombre no perdió totalmente la imagen, que sólo fue dañada; o que mientras permanezca como hombre, no puede ser restaurado a la imagen de Dios. Ninguna de estas conclusiones es aceptable. Sostener lo primero equivale a decir que el pecador no es realmente humano y, por lo tanto, no es moralmente responsable. Aceptar lo segundo o tercero es contrario a las enseñanzas de las Escrituras.

El pecado de Adán y el pecado original

De alguna manera inexplicable el pecado de Adán afectó a la raza humana entera. La experiencia muestra que el pecado entre los hombres es universal y la Biblia señala la existencia de una relación intrínseca entre el pecado del primer hombre y el de cada hombre. Pablo enseñó que "el pecado entró en el mundo por un hombre, y por el pecado la muerte, así la muerte pasó a todos los hombres, por cuanto todos pecaron" (Romanos 5:12 ff.; ver también 1 Corintios 15:45 ff.).

A. La unidad de la raza

La Escritura no da ninguna explicación sobre cómo el pecado de Adán se transfirió a las sucesivas generaciones. Ni siquiera Romanos 5:12, que en su superficie parece dar una explicación, ofrece alguna. Pablo no estaba tratando de explicar la naturaleza del pecado (al menos no fue ese su propósito primario) o como fue trasmitido. Su intención era mostrar que Cristo ha conquistado la muerte y, del pecado, trajo salvación y vida.

Para lograr esto, el apóstol se refirió a la caída para afirmar que "en Adán" todos somos pecadores; "en Cristo" todos somos redimidos. Su intención fue hacer evidente la unidad de la raza humana. Él quiso indicar que en Cristo vemos que la humanidad es una en el pecado, pero esta unidad en la raza humana es remplazada por la unidad de los redimidos. La referencia a Adán, por lo tanto, no tiene la intención de explicar el origen o la presencia del pecado, ni para excusar al hombre por su pecado. La referencia al pecado de Adán, y la relación del hombre con ello, enfatiza la universalidad del pecado, lo que se confirma tanto con las Escritura como con la experiencia.

A pesar de que Adán cayó bajo la maldición de la muerte, tanto física como espiritual, y cada ser humano junto con él, nosotros no sabemos cómo se transmitió el pecado. Fueron desarrolladas varias teorías para intentar explicar la transmisión del pecado a la raza humana entera, pero todas tienen sus limitaciones.[6] Juan Wesley prestó atención a la conexión entre Adán y la raza humana refiriéndose a Adán como "persona pública" y como "hombre representativo".[7] Sin embargo, se rehusó a especular en relación a la *forma* en que la raza quedó envuelta en el pecado.

"Si me preguntan, cómo... se propagó el pecado; cómo se transmite de padre a hijo, respondo simplemente, yo no puedo decirlo; no puedo decir más de lo que conozco en relación a cómo el hombre mismo se propaga, cómo un cuerpo se transmite de padre a hijo. Conozco que los dos aspectos son un hecho concreto; pero no puedo explicar ninguno de los dos".[8]

B. Privación y depravación

Algunos teólogos sugieren que el hombre es depravado por haber sido privado de lo que originalmente le fue dado. W. T. Purkiser, en línea con este pensamiento, escribió:

"La solución al rompecabezas puede verse, en parte, cuando reflexionamos que en el Jardín, al cometer el primer pecado, Adán y Eva perdieron la santidad con la que fueron creados, que les fue dada por la presencia de Dios. Llegaron a ser depravados porque fueron privados de la justicia de Dios por su pecado de desobediencia y rebelión. Por lo tanto, no podían transmitir lo que no tenían; a partir de ahí su raza fue depravada por haber sido privada de lo que sus padres no poseían... Pecado como un estado o una condición es más que la privación de justicia; pero tiene su fuente en la pérdida de la santidad de la misma manera que la ceguera resulta de una pérdida de la vista y la oscuridad de la ausencia de luz".[9]

Sin embargo se puede considerar, que este aspecto importante es real, aunque desconocido, debido a la forma de la transgresión de Adán, "somos por naturaleza hijos de ira" (Efesios 2:3). Aunque algunas versiones traducen "todos han pecado" (Romanos 5:12), a la luz del tiempo aoristo usado en el griego, una mejor traducción sería "todos pecaron" (RVR). Así, en algún sentido, todos nosotros pecamos cuando Adán pecó.

Para Pablo, Adán, es racialmente significante de la misma manera que Cristo lo es. Por lo tanto el apóstol contrasta a Adán con Cristo en Romanos 5:12-21 y en 1 Corintios 15:21-22. De la manera que en Jesucristo todos somos redimidos, así en Adán todos pecaron. Adán no es solo el "primer" hombre, también es el hombre "universal". La misma universalidad, que en el único Cristo incluye a todos los hombres, incluye también a todos los hombres en Adán.

Si estar "en Cristo" es tener su espíritu de entrega, humildad, servidumbre y obediencia "hasta la muerte" (ver Filipenses 2), entonces estando en "Adán" es estar bajo el control de su espíritu de egocentrismo, auto-exaltación, auto-servicio y auto-afirmación. Cada hombre existe, ya sea "en Adán" o "en Cristo".

C. Pecado universal o pecado de nacimiento

La iglesia, a través de la historia del pensamiento cristiano, proclamó que el pecado de Adán ocasionó severas consecuencias a la raza humana. Esta corrupción racial se resume en el Artículo VII, condensado por Wesley, para la Iglesia Metodista en América, bajo el título "Pecado original o pecado de nacimiento":

"Pecado original denota, no el ejemplo de Adán (como los pelagianos hablan vanamente), sino la corrupción de la naturaleza de cada hombre, que naturalmente es engendrado de la descendencia de Adán, por lo que el hombre está muy alejado de la justicia original y, en su propia naturaleza, inclinado al mal y, esto, continuamente".

Surgió una gran confusión alrededor de ambos, el término en sí mismo y el significado de este pecado de "nacimiento". Técnicamente, el término *pecado original* se debe aplicar al *pecado original*, el primer pecado, el acto personal de Adán; y no a las consecuencias raciales del pecado de Adán, que se debe describir con el término depravación *heredada o universal.*

Aún más, pecado original, o, la naturaleza pecaminosa del hombre, no se debe confundir ni comparar con el cuerpo, más específicamente con la sexualidad, o concupiscencia, como Agustín estuvo inclinado a hacer. El pecado original no es un acto biológico sino una realidad espiritual. El pecado no tiene que ver con los cromosomas o los genes, sino con la verdad espiritual que revela que pecado no es algo accidental. Pecado no es "una cosa" en el hombre, sino la separación y la resistencia del hombre hacia Dios.

Al quedar enajenado de Dios, el hombre ama más las tinieblas que la luz de la santidad de Dios (Juan 3:19). Esta pérdida de la comunión con Dios no se puede recuperar sin un acto de reconciliación de parte de Dios mismo. Pecado original, una rebelión implacable contra Dios, es inseparable de cada hombre hasta que Cristo rompe las ataduras y lo hace libre.

El Nuevo Testamento proclama lo que Dios hizo para poder restaurar el estado perdido del hombre y romper el poder del pecado. Declara que Jesús, "que no conoció pecado" (2 Corintios 5:21), es la verdadera "imagen de Dios" (2 Corintios 4:4; Colosenses 1:15) que el hombre recupera por medio de la fe "en Jesucristo".

Mientras la Biblia enseña que el pecado rompió completamente la relación del hombre con Dios, no presenta la naturaleza humana como tan pecaminosa al punto de no poder ser hecha limpia y llena con el Espíritu Santo en esta vida. El dominio del pecado puede ser terminado.

La gracia primero prepara el camino
Para salvar al hombre rebelde;
Y todos los pasos que la gracia muestra
Expresan el maravilloso plan de Dios.

— Doddridge

5

El significado y la naturaleza del pecado

"Santidad es la simetría del alma".
– Philip Henry

El pecado de Adán fue tanto *desobediencia* como *desafío* a Dios. Sus acciones y su espíritu fueron impíos, contrario a la santidad divina.

Como resultado del pecado de Adán, cada hombre que viene al mundo cae en pecado, ya que es depravado y corrupto. El hombre no vive según la imagen de Dios. Este, como un "hijo de ira", porta la imagen de su padre –el malo (Juan 8:44). Y no solamente peca, sino que es pecador, alejándose de Dios y volviéndose hacia sí mismo, hacia un centro o un principio organizador de vida falso (el significado primario de pecado "original").

Estas dos distintas comprensiones de pecado circulan a través de toda la cristiandad. La palabra "pecado" puede ser usada, ya sea, en el sentido de *transgresión* de un código moral o en el sentido de *rebelión* contra Dios y, por ello, el hombre se halla alienado de Él.[1]

El significado y la naturaleza del pecado será tratado en este capítulo bajo dos títulos: (1) la naturaleza doble del pecado en la Escritura, y (2) el entendimiento wesleyano del pecado.

La naturaleza doble del pecado en la Escritura

Este doble entendimiento del pecado es consistente con las enseñanzas de la Biblia. Cuando se usa como *verbo*, la palabra "pecado" sugiere un acto (algunas veces un acto de la mente), una obra, una transgresión abierta, como cuando Jesús dijo: "Ni yo te condeno; vete, y no peques más" (Juan 8:11). Como nombre singular, "pecado", usualmente indica una condición del alma. Un ejemplo es el uso que Pablo le da al término en Romanos 6:12: "No reine, pues, el pecado [he amarrita, literalmente, 'el pecado', el espíritu de rebelión, que se manifiesta en muchas transgresiones] en vuestro cuerpo mortal, de modo que lo obedezcáis en sus concupiscencias".

A pesar de que el concepto pecado posee varios matices, o grados, de significado en las Escrituras, tanto el Antiguo como el Nuevo Testamento afirman que pecado existe tanto en forma de *acto* como *estado o condición*.

A. Pecado en el Antiguo Testamento

El Antiguo Testamento distingue actos deliberados de transgresión (desobediencia a prohibiciones, como en el caso de Adán y Eva en el jardín de Edén), pecados de *ignorancia* (incluyendo la violación de leyes ceremoniales, que requerían sacrificio y expiación), y una antigua *disposición al pecado o rebelión*. El pecado se consideraba como cometido en primer lugar contra Dios y, segundo, contra el hombre. Cada pecado contra otra persona se consideraba como contra Dios, pero cada pecado contra Dios (como idolatría) no era necesariamente cometido contra el hombre.

1. Errar al blanco

Son muchos los términos usados en el Antiguo Testamento para "pecar" y "pecado". El más común, tal vez, sea la palabra *chatta*, que significa "errar al blanco" o "errar el camino" (Proverbios 8:36; 19:2). Dependiendo de su uso o contexto, la palabra puede significar malos actos cometidos por negligencia o ignorancia, los que requerían una ofrenda por el pecado (Levítico 4:13-14, 21) o pecados deliberados y una condición pecaminosa (Job 1:22; Salmos 51:5, 9).

Puesto que el hombre fue originalmente creado a imagen de Dios, la intención era que viviera como vive Dios. Por lo tanto, cada desviación de la ley de Dios, o de lo que es justo, fue una falla en el sentido de lograr aquel propósito, falla en alcanzar la meta moral de santidad.

2. Violación de los mandamientos de Dios

Abar es el término hebreo usado para designar la violación de un mandamiento escrito, ya sea de manera deliberada o involuntaria. "Transgredir" significa cruzar más allá de un límite e ingresar a un territorio que está "fuera del alcance". Un término de significado similar, pero que incluye un elemento más personal, es la palabra *asham*. Este concepto iba más allá de la infracción de una ley impersonal e incluía la idea de fallar en cumplir un acuerdo establecido con otra persona. Este concepto se expresa en español con los términos "quebrantar", o "delinquir", como cuando Israel rompía el pacto (Levítico 5:2-3). La palabra *maal* conlleva la idea de infidelidad en el matrimonio y también implica traicionar la confianza (también prevaricación), (Proverbios 16:10).

71

3. Una naturaleza pervertida

Awon (*avah*) se usa en el Antiguo Testamento para indicar deshonestidad o perversión (Lamentaciones 3:9*b*). Sugiere poseer mala intención en una acción o una omisión que no es correcta o recta. Aunque conlleva varios significados –"crimen" o "iniquidad", "culpa", "castigo"– varios contextos comparables muestran que significa distorsión de la naturaleza (1 Samuel 20:30; 2 Samuel 19:19; Proverbios 12:8; Isaías 19:14; 21:3; Jeremías 3:31; Lamentaciones 3:9). Designa una disposición mala, tanto individual como corporativa, que subyace en actos de pecado específicos. El término provee un vigoroso apoyo a la doctrina de pecado original.

4. Hostilidad hacia Dios

La palabra usualmente traducida como "maldad", *rasha*, indica odio contra Dios (Job 3:17; Ezequiel 18:20-21; 33:8-9). Esta es una de las palabras más comunes para "pecador" en el Antiguo Testamento. Describe su carácter, hostilidad contra Dios, tanto como acciones individuales.

Otro término, *avel*, parece sugerir la idea de iniquidad, aunque también posee otras interpretaciones: "inicuo" (Salmos 43:1; Proverbios 29:27), "injusto" (Levítico 19:15; Deuteronomio 25:16), "impío" (Job 16:11), "iniquidad" (Isaías 59:3; Salmos 89:22).

Aven también se usa con frecuencia para expresar maldad y se conecta frecuentemente con idolatría (Números 23:21; 1 Samuel 15:23; Miqueas 2:1). También se traduce como "injusto", "falso", "travieso", "aflicción" y "malo".

5. Un espíritu de rebelión

Una de las palabras más fuertes para pecado en el Antiguo Testamento es el término *pasha*, derivado de una raíz que significa "rebelar" (1 Reyes 12:19; Job 34:37). Se refiere a una transgresión deliberada, a una revuelta o rechazo a estar sujeto a la autoridad debida (Génesis 50:17).

Esta era la palabra favorita de los profetas del siglo octavo, aunque con frecuencia se traduce como "transgresiones". Amós declaró que la *rebelión* de Judá era contra la ley de Dios (2:4). Se quejaba porque el pueblo de Dios no cesaba de hacer lo malo: "Porque yo sé de vuestras muchas rebeliones y de vuestros grandes pecados" (5:12). Oseas decía que Israel se comportaba "como novilla *indómita*" (4:16). También habló de que eran desleales (5:2; 9:15), que se habían apartado de Dios y rebelado contra Él (7:13). Miqueas habló también de la "*rebelión* de Jacob" y de los hijos de Israel (1:5; 3:8). La misma actitud se halla en Isaías. Su versículo de apertura dice: "Crié hijos, y los engrandecí, y ellos se rebelaron contra mí" (1:2).

Estos cuatro profetas fueron unánimes en ver el pecado fundamentalmente como rebelión contra Dios. Ellos pensaban en un espíritu, algo mucho más profundo que pecado como la simple transgresión de una ley. A pesar de que ellos asumieron que el hombre puede cambiar su forma de vida si lo desea, comprendieron que no lo deseaba. Ellos sabían que su voluntad estaba corrompida y era impotente o ineficaz. Los hombres están sujetos a sus obras, por lo que no pueden cambiar (Oseas 11:7). Si existe una posibilidad para cambiar de vida, pero debe ser Dios mismo quien lo realice (Jeremías 31:18).

Jeremías preguntaba porqué las aves migratorias conocen el tiempo de su regreso, pero el pueblo de Dios no sabe cuando regresar a Dios (8:7). Él predicó que la gente rehusaba conocer a Dios porque llegaron a estar podridos y corrompidos (9:6). Oseas explicaba que un "espíritu de fornicaciones" causó que la gente se desviara (4:12). Así quería decir que "estaban poseídos por un ruach [espíritu] que dominaba sus voluntades, por lo que ya no eran capaces por sí mismos de controlar sus acciones".[2]

6. Terquedad e inclinación al mal

En el Antiguo Testamento se utilizan varias otras palabras para referirse al pecado como condición. Una de ellas es *sheriruth*, usualmente se traduce como "dureza" "imaginación del malvado corazón" (Deuteronomio 29:19; Jeremías 3:17; 7:24; 9:14; 11:8; 13:10; 16:12; 18:12; 23:17). Tal vez, la palabra más significativa es *yetser hara* o "intento de los pensamientos" malos (Génesis 6:5; Deuteronomio 31:21; 1 Crónicas 28:9; Salmos 103:14: Isaías 29:16; Habacuc 2:18). El término describe "la mala inclinación crónica de la humanidad como un todo".[3] Este término influenció poderosamente a los escritores del Nuevo Testamento.

Es casi imposible negar que los autores del Antiguo Testamento reconocieron la persistente condición pecaminosa de la raza humana (Génesis 6:1 ff.) y de la nación de Israel (2 Reyes 17:1 ff.; también Isaías 6:5; Salmos 5; Ezequiel 36:25-27). Esta preocupación con la esencia interna del pecado llega a transformarse de manera creciente en algo prominente en los tiempos del Nuevo Testamento, tiempo para el cual llegó a ser la mayor preocupación de los escritores bíblicos.

Parece ser, por el uso de estas palabras hebreas, que en el Antiguo Testamento existe un entendimiento doble del concepto de pecado. Pecado es ambas cosas —una falla en lograr la meta, o alcanzar la medida de santidad establecida por Dios; y una actitud de rebelión hacia Dios y su autoridad; una condición de corrupción.

B. Pecado en el Nuevo Testamento

1. Patrón de maldad, anarquía

El pecado es visto en el Nuevo Testamento como injusticia (*adikia*), traducido en varias maneras como "injusticia" (Juan 7:18; Romanos 1:18), "mal" (2 Tesalonicenses 2:12, NVI), y "maldad" (Santiago 3:6). Usualmente indica un estado o condición de malignidad, aunque ocasionalmente se refiere a hacer algo "malo", o, un "agravio" (2 Corintios 12:13).

El pecado también es visto como "anarquía" (anomia), frecuentemente traducido como "maldad" (Mateo 7:23*b*; 24:12). El término algunas veces se lo contrasta con santidad y justicia (Romanos 6:19*b*). En 1 Juan 3:4 se declara que todo aquel que comete pecado (*hamartia*) infringe también la ley (*anomia*). Los términos parecen referirse a un patrón de conducta o espíritu de rebelión contra Dios.

El término del Nuevo Testamento usado para "rebelión" o "transgresión" es *paraptoma*, también traducido como "infringir", u "ofensas" (Mateo 6:14; Marcos 11:25). El término denota básicamente el pecado de no conocer a Dios y se refiere a la persona no regenerada.

2. Desobediencia voluntaria

Un término similar es *parabasis* ("transgresión"), que significa violación de una regla conocida, pecado voluntario que acarrea culpa y condenación. En términos del pecado de Adán significa indiferencia por la ley de Dios. En Hebreos 2:2 esta palabra sugiere desobediencia. *Parabasis* denota, no pecado de ignorancia, sino apartarse deliberadamente de lo correcto (Romanos 4:15).

3. Incredulidad, libertinaje, autojustificación

Apistia significa infidelidad o incredulidad. Incredulidad puede ser un estado de la mente o una actitud hacia Dios. Así habla el escritor a los Hebreos del "corazón malo de incredulidad" (3:12). El término *aselgia* indica pecado como libertinaje, lujuria desenfrenada, perversión, desvergüenza, etc. (Marcos 7:21-22; Efesios 4:19; 2 Pedro 2:7). Una condición de pecado que permeabiliza la personalidad entera.

Pecado, algunas veces, es visto también como deseo (*epithymia*, que es moralmente neutro en sí mismo) por lo que es pervertido o ilegal, como en Romanos 1:24, donde implica la autoafirmación en contra del reclamo de Dios. Ocasionalmente, el pecado se describe como irreverencia o "impiedad" (*asebeias*, 2 Timoteo 2:16).

4. Enemistad, oposición a Dios

Pablo habló de pecado como "enemistad" (echthra), lo que indica un odio activo contra Dios y oposición a Él (Romanos 8:7). Expresa la fuerte determinación del hombre a vivir separado de Dios y conducir sus propios asuntos. Santiago también usa la palabra para indicar antagonismo u hostilidad hacia Dios (4:4).

5. Una disposición mala y viciosa

La palabra *kakia* es un término comprensivo para referirse a la oposición a la virtud, o a una disposición hacia lo malo. El término significa malignidad, malicia, voluntad enfermiza, deseo de herir (Romanos 1:29; Efesios 4:31; Colosenses 3:8; Tito 3:3; Santiago 1:21; 1 Pedro 2:1). Se acerca a nuestro término "malicia" (también depravación) (Hechos 8:22; 1 Corintios 5:8; 14:20) e indica un "estilo de maldad" que no se avergüenza de quebrantar ninguna ley (1 Pedro 2:16). El término parece implicar una disposición viciosa, la naturaleza misma del carácter. La palabra *poneros* se usa para indicar la expresión positiva del mal –aquella que es destructiva e injuriosa (Marcos 7:22; Lucas 6:45).

6. Un espíritu de pecado

El Nuevo Testamento individualiza inclinaciones al mal específicas para condenación, esto es, un espíritu de pecado del cual surgen los pecados: "codicia" (Romanos 7:8), "soberbia" "envanecimiento" (Lucas 1:51; Romanos 1:30; 1 Corintios 4:6; 5:2; 8:1; 13:4), "egocentrismo" (Lucas 16:19-31).

7. Una condición de pecaminosidad

El vocabulario del Nuevo Testamento utilizado para pecado contiene 28 sinónimos derivados de ocho raíces diferentes. El que se usa con mayor frecuencia es *hamart*. De él viene el verbo más común utilizado para pecado, *hamartano* (*hamartia* es el sustantivo), que significa "hacer lo malo", "desobedecer una ley", "pecar contra Dios". En el griego clásico el término significaba "errar al blanco", el equivalente de *chatta*, el término del Antiguo Testamento. En el Nuevo Testamento tiene mayor significado. Incluye pecar no solo como una acción (*hamartema*), sino también como una cualidad de acción (*hamartia*), refiriéndose a actitudes y respuestas (ver Romanos 5:12; 6:12, 14; 7:20-21).

Hamartia aparece más de 200 veces en el Nuevo Testamento y las 75 veces en que aparece en plural significa un acto de pecado. En singular denota un principio o condición que necesita de limpieza o algo más radical que perdón. Después de un estudio cuidadoso del uso del término, George Allan Turner, observó":

> *"En singular... de las aproximadamente 125 veces que aparece, sólo unas 15 se refieren al término* pecado *como un acto. En una pequeña cantidad de instancias –cerca de un 10 por ciento–* hamartia, *en singular y sin el artículo, designa un acto de pecado. El uso normal de este término sin el artículo, por lo tanto, designa una cualidad de pecado o condición de pecaminosidad".*[4]

8. Pecado como un tirano poderoso

En la mayoría de los casos en los que se usa *hamartia* en singular con el artículo definitivo, esto personifica al pecado (ver Juan 8:34; Hebreos 3:13; 12:4; Santiago 1:15). Particularmente en más de 20 ocasiones en las que se usa "pecado", precedido del artículo (*he hamartia*) en Romanos 5–8 (entre 5:12 y 8:10), se refiere al pecado como a un tirano, como una fuerza o principio respaldando actos de pecado, y no como un acto de pecado particular. Por esto es que el Dr. Turner, apoyado por otros eruditos, concluyó:

> *"La evidencia comprobada tiende a confirmar la generalización de que el término* hamartia, *en singular con el artículo definitivo, denota el principio de pecado que subyace en cada acto de pecado. Sin el artículo definitivo este nombre se refiere particularmente a la cualidad, esencia o naturaleza de pecado, la pecaminosidad de lo malo".*[5]

Esta breve investigación de los términos bíblicos usados para pecado indica dos aspectos esenciales. Pecado se refiere a acciones que no se conforman al estándar de Dios. Esas acciones pueden ser deliberadas o involuntarias. Como sea, el énfasis dominante de las palabras bíblicas está puesto en actos de *pecado voluntario*. Además, pecado es un espíritu de rebelión, de antagonismo con la voluntad, propósitos y la ley de Dios —autojustificación en oposición a sometimiento al Dios santo.

El entendimiento wesleyano del pecado

Los teólogos wesleyanos han basado su doctrina de una "segunda obra de gracia" en parte en la enseñanza bíblica del carácter doble del pecado. Aun cuando se usan muchas palabras en las Escrituras para transmitir los varios matices del significado con relación a ello, la Biblia no contiene ninguna definición formal de pecado.

La afirmación de Juan que "pecado es infracción de la ley" (1 Juan 3:4) puede ser lo más cercano a una definición. Es esencial para nosotros tomar los significados bíblicos y formular un entendimiento del pecado que esté en armonía con las enseñanzas bíblicas.

Definir pecado de una manera muy amplia y etiquetar todo como pecado es, en efecto, hacer que nada sea pecado y, por esta causa, tendría muy poco valor práctico. Si la definición de pecado incluyera cada aspecto de finita humanidad del hombre, entonces la liberación del pecado es imposible mientras esa condición humana permanezca. Pero, sin embargo, en las Escrituras se enseña la liberación de todo pecado en esta vida.

A. Pecados como transgresiones voluntarias

1. Responsabilidad y Libertad

Cualquier entendimiento de pecado –ya sea, actos de pecado o "innato"– que remueva la responsabilidad del hombre no es bíblico. Porque pecado es, básicamente, un concepto religioso y no meramente ético, el hombre debe rendir cuentas ante Dios.

La capacidad de rendir cuentas presupone conocimiento o tener conciencia de los asuntos morales envueltos. Donde existe ignorancia, no debido a ceguera voluntaria, cualquier acto malo es un error y no es pecado en el más estricto sentido. Rendir cuentas presupone alguna medida de libertad y algún grado de participación de la voluntad. Sin embargo, un acto pecaminoso no necesita ser premeditado; puede ser el resultado de decisiones tomadas anteriormente y la consciente formación de hábitos, aunque la acción presente haya llegado a ser virtualmente inconsciente.

2. Motivos e intenciones

Un concepto adecuado de pecado toma en cuenta las motivaciones e intenciones internas de la persona. La provisión del Antiguo Testamento de un sistema sacrificial para "pecados de ignorancia" (Levítico 4:13 ff., et al.) y las "ciudades de refugio" designadas por dirección divina para un homicida involuntario (Números 35:6, 11 ff.) sugiere que aún durante el régimen de la ley, Dios hizo distinción entre pecados inconscientes y *conscientes o voluntarios*.

El Nuevo Testamento es aún más explícito en distinguir errores y flaquezas de pecados. Se nos dice que Jesús vino a salvar a su pueblo de sus [externos] pecados (Mateo 1:21) y para "santificar" y purificar a la iglesia (Efesios 5:25b-26a). Él trata con los pecados y el pecado por medio del perdón y la limpieza (1 Juan 1:7), pero Él se compadece de las debilidades de la humanidad (Hebreos 4:15). Pablo parece haber hecho la misma distinción en su declaración: Todos *hemos pecado* [tiempo pasado], y *ahora todos estamos destituidos* [tiempo presente] de la gloria de Dios (Romanos 3:23, paráfrasis del autor).

Por esta razón Wesley sintió que la Biblia solo considera pecado transgresiones *voluntarias*. Él escribió: "Nada es pecado, estrictamente hablando, sino una transgresión voluntaria de una ley conocida de Dios. Por lo tanto, cada infracción voluntaria de la ley del amor es pecado; y nada más, apropiadamente hablando".

Wesley reconoció que un "error es una transgresión de la perfecta ley", pero insistió, "Esto no es pecado, si amor es el único principio que mueve a la acción". Sin embargo, tanto pecados voluntarios y errores involuntarios necesitan la expiación de Cristo.[6] Por lo que Wesley pudo decir que "un cristiano puede ser perfecto al punto de no cometer pecado", únicamente si pecado es entendido como una "infracción voluntaria de la ley del amor".

3. Las definiciones legales y éticas de pecado

Es verdad que "pecado" en su significado más amplio se refiere a no alcanzar la gloria de Dios destinada a nosotros. La idea de errar al blanco o no alcanzar el estándar divino es un concepto bíblico. Los teólogos los llaman el punto de vista "objetivo" o "legal" del pecado. Aún así, el significado primario de pecado es una transgresión voluntaria, deliberada y premeditada, o indiferencia hacia una ley *conocida* de Dios. A este punto de vista sobre el pecado se le designa "subjetivo" o "ético".

La anterior interpretación, generalmente sostenida por los pensadores calvinistas, se expresa en el Catecismo de Westminster Abreviado: Pecado es "falta de conformidad con, o, una transgresión de la ley de Dios". Esta perspectiva parece entender el pecado únicamente como un asunto de cometer u omitir, en lugar de una condición del alma, análoga a una enfermedad en el cuerpo (ver Marcos 2:17).

4. Lo inadecuado del punto de vista legal

W. T. Purkiser señaló lo inadecuado de la definición legal al examinar los 41 versículos en los que aparece el verbo "pecar" (hamartano) en el Nuevo Testamento. Él demostró que no se puede sustituir la definición por el verbo "pecar" sin hacer el significado ridículo o desviado. El mencionado autor provee el siguiente ejemplo de los Evangelios:

> *"En Juan 5:14 leemos: 'Después lo halló Jesús en el Templo, y le dijo: Mira, has sido sanado; no peques más, para que no te venga alguna cosa peor'. Sustituyamos la definición legal. Luego, leeríamos: 'Percibe lo sucedido, has sido hecho completo; no te desvíes en ninguna forma del estándar de conducta absoluto, para que te venga algo peor'. ¡Esto pondría a este pobre hombre en una situación terrible! ¿Cómo podría evitar todo posible desvío de un estándar perfecto, conocido o desconocido, voluntario o involuntario?"[7]*

Afirmar el punto de vista legal en relación al pecado equivale a decir que la esencia del pecado es el acto, no el motivo, la intención o el conocimiento que lleva al acto. Si "pecado es una simple desviación de las reglas, entonces justicia es simplemente un asunto de conformarnos a esas reglas".[8] Pero esta enseñanza es contraria a todo lo que Jesús y los escritores del

Nuevo Testamento enseñaron en relación a la naturaleza del pecado y la justicia. Pecado se relaciona más a Dios mismo y su voluntad para el hombre que con la ley de Dios como una serie de reglas de conducta.

5. Carácter práctico y bíblico del punto de vista ético

En la práctica, sin importar nuestra posición doctrinal, todos vivimos guiados por el punto de vista ético sobre el pecado. La madre que, después de varias semanas cuidando a su hijo enfermo, una noche en su fatiga da la medicina equivocada resultando en la muerte, no se la considera una homicida, aunque el acto en sí mismo es malo. Ella necesita ser consolada en lugar de ser acusada. Por otro lado, Jesús nos recordó que uno puede ser un asesino, aunque su espíritu de asesinar nunca llega a concretarse en un acto de homicidio.

Jesús enseñó que el pecado ético acarrea el juicio y la condenación de Dios (Juan 9:41). Juan asume la misma posición al declarar: Aquel que permanece en él, no peca (1 Juan 3:6-9). Obviamente, nadie pudo morar en Él –pues esto sería una situación imposible–; si Juan hubiera querido significar transgresiones y faltas desconocidas e involuntarias, hubiera dicho: Aquel que permanece en Él *no comete errores*.

Con respecto a la ley absoluta de Dios, que se le dio a Adán previo a la caída y de la cual se requirió conformidad absoluta, todos los hombres son transgresores.[9] Las capacidades mentales y físicas del hombre están tan debilitadas que inevitablemente cae en errores. Únicamente Cristo cumplió con la ley adámica de la inocencia. Imperfección de conocimiento conduce a errores de juicio y consecuentes errores de conducta, pero si estos no tienen intención mala y son confesados, Dios no los imputa al hombre. Pecar ignorantemente equivale a permanecer sin culpa.

6. Omisiones y culpa

El hombre, sin embargo, es responsable de los pecados de omisión. Debe confesarlos y rectificar cuando estos pecados les lleguen a ser conocidos, a pesar de ser sólo culpable de, o condenado, por pecados *voluntarios*. El hombre, a medida que recibe nueva luz de parte de Dios, se vuelve cada vez más consciente de su pecado. Esto es consistente con la enseñanza del Nuevo Testamento que el conocimiento del pecado nos llega por medio de la ley (Romanos 5:13; 7:7; también Gálatas 3:19; 1 Timoteo 1:9). Esto no significa que el hombre no peca, en el sentido amplio de la palabra, hasta que sea alertado, o esté consciente o tenga convicción. Más bien, significa que antes de que a uno se le da el conocimiento de la ley, él no es culpable o condenado por Dios. Toda culpa real presupone pecado, pero no todo pecado concebido acarrea culpa o condenación.

Si el cristiano que toma conciencia por primera vez de alguna caída experimenta culpa es –parcialmente hablando, una cuestión semántica– un problema de definición de términos. Si por "culpa" se quiere decir un profundo sentido de indignidad y pena en relación a una acción inadvertida u omisión, entonces obviamente el creyente siente culpa. Pero si "culpa" connota la condenación de Dios, que interrumpe y destruye la comunión, entonces no lo es.

7. Humanidad y pecaminosidad

Cualquier punto de vista que hace la humanidad equivalente a pecaminosidad, o que niega que el pecado, en el sentido "legal", puede estar presente antes de que alguien sea consciente de ello, está errado y no es bíblico. No existe un estado de gracia que excluya transgresiones inadvertidas. Por esto Jesús amonesta a sus seguidores a orar por perdón (Mateo 6:12; 18-23 ff.; Lucas 11:4; cf. 1 Juan 1:8-9). Cada verdadero creyente atiende la tierna corrección del Espíritu Santo, siente sus faltas, busca el perdón y continúa hacia la meta final.

No desarrollar una mayor actitud de autojustificación, más bien reconoce que, momento a momento, vive sobre la base del perdón.

Nuestra falla en entender que los "santos" son siempre menos de lo que deben ser, o menos de lo que Dios desea para ellos, con frecuencia ha llevado a la autojustificación y orgullo espiritual entre algunos, hipocresía entre otros y desesperación entre los que tienen conciencia de ello. El movimiento de santidad algunas veces fomentó una teología que no permite la confesión o el reconocimiento por no haber alcanzado el más elevado estándar divino. Esto ocasionó el criticismo de W. E. Sangster, y otros junto a él, que como resultado, algunos han,

"suavizado sus propias conciencias, creyendo que lo que estaban haciendo era para la gloria de Dios. Cuando el monitor interno del alma se agita en señal de desaprobación, ellos le lanzan "una promesa" y llaman a la advertencia "incredulidad". Con el paso del tiempo la conciencia cesa de funcionar con precisión y poder, y ellos se hallan proclamando a sí mismos libres de pecado en tanto que son culpables de una conducta que una persona mundana reconocería está mal" (W. E. Sangster, El Sendero a la Perfección [Londres: Epworth Press, 1957], 139-40).

De manera similar, J. A. Wood, en su gran obra clásica, *Amor Perfecto*, observó: "Nadie ve su necesidad de la expiación tan claramente, o siente la necesidad de esos méritos tan profundamente, como el creyente *enteramente* santificado. Él, más que ningún otro hombre, siente, 'Cada momento, Señor, necesito los méritos de tu muerte'". Profundamente consciente de sus faltas, procura el perdón de ellas y continúa con su tarea cristiana. "Progresar en la santidad significa siempre y al mismo tiempo progreso en penitencia", sin la pérdida de confianza que uno es aceptado en la familia de Dios.

La teología de santidad con firmeza afirma que insistir en que algo es pecado, *sólo* si uno cree que es pecado, es menos que bíblico. Por otro lado, una teología adecuada de santidad rechaza definir pecado "propiamente dicho" como una falta de conformidad al estándar designado por Dios. La teología de santidad preserva la tensión creativa entre liberación del pecado *voluntario* y un conocimiento creciente de nuestra total falta de *conformidad* a "la estatura de la plenitud de Cristo" (Efesios 4:13). Sin socavar la victoria sobre el pecado prometida por la gracia santificadora, libremente reconocemos que aun los cristianos más santos, "que no sienten ninguna otra cosa que amor", aún no alcanzan el ideal de la gloria de Dios y, por lo tanto, necesitan la sangre expiatoria de Cristo (ver la obra de Wesley, *Plain Account*, 81, 83).

Sin embargo, el ser humano no es equivalente a ser pecador en el sentido bíblico primario. Pecado, en su significado bíblico fundamental puede resultar de una transgresión voluntaria o de una consciente falla en nuestro progreso en santidad y el conocimiento de Dios. Los cristianos disfrutan de libertad en cuanto a pecar, entonces por este estándar no peca cada día en palabra, pensamiento o acción. Por consecuencia es salvo de la culpa y el dominio del pecado. El reinado del pecado sobre su vida es quebrantado en el nuevo nacimiento y por el poder de la gracia.

B. Pecado como corrupción moral

El wesleyanismo nunca se desvió de la doctrina del pecado original, no sólo en el sentido de la transgresión primitiva de Adán, sino también en el sentido de una corrupción de la naturaleza racial por consecuencia del pecado de Adán.

Agustín, en un esfuerzo de su pensamiento, vio el pecado original como concupiscencia. Así el pecado llegó a ser visto por algunos como algo esencialmente permanente, un inextirpable deterioro de la naturaleza corporal de la que el hombre sólo puede ser liberado por la muerte. El concepto de "cuerpo pecaminoso" fue sostenido por Lutero y Calvino. Pero si el pecado original es definido incluyendo la limitación física heredada como también la depravación heredada, entonces no puede haber completa liberación del pecado en esta vida.

1. La cualidad moral del pecado original

Algunos sostienen que Pablo identificó el cuerpo físico con el pecado, y para ello apelan a la afirmación de Romanos 7:18, "Esto es, en mi carne [sarx], no mora el bien". Pero el uso que Pablo da a este término varía. Ocasionalmente "carne" (sarx) es equivalente a cuerpo (soma) (e. g., Romanos 2:28, 3:20; 4:1; 1 Corintios 7:28; 15:39, 50; Gálatas 1:16). Aún así, en la mayoría de los casos él usa el término sarx en el sentido moral más que en el físico. Varias categorías de su "obras de la carne" son puramente moral en lugar de físicas (Gálatas 5:19-23). Él habló de "contiendas y envidia" como obras de la "carne" a las que debemos renunciar (Romanos 13:13-14; 1 Corintios 3:3).

Pablo contrastó "carne" con "mente" y con Espíritu (Romanos 7 y 8). De esta manera la "carne" es el enemigo común de la "mente" y del "Espíritu de Dios". No puede haberse referido al cuerpo, porque él insistió que el cuerpo es el templo del Espíritu Santo (1 Corintios 3:16-17), y esos miembros del cuerpo deben ser cedidos a Dios como "instrumentos de justicia" en lugar de instrumentos de pecado (Romanos 6:13; 12:1-2).

Para Pablo, el físico es neutro, pero será controlado ya sea por la "ley de la carne" o por "la ley del Espíritu". "Carne" (*sarx*), con el artículo definitivo, es la fuente de toda clase de pecados que parecen estar presentes desde el nacimiento (Gálatas 5:16-25). Vivir "según la carne" es vivir para uno mismo, razón por la que la persona entera –cuerpo, mente y espíritu– están bajo el poder del pecado (Romanos 8:5). Aunque el cuerpo es el asiento del pecado, no es pecaminoso en sí mismo. Por lo que la liberación del pecado no es imposible mientras estemos aún "en el cuerpo".

Algunas veces la literatura de santidad se refiere a la naturaleza pecaminosa del hombre usando términos como "principio", "principio de pecado", "tendencia a pecar", "inclinado hacia el pecado", entre otros. Estos son términos descriptivos pero no definen la naturaleza del hombre, por lo que son sólo parciales. Los términos bíblicos transmiten mejor la dinámica resistencia espiritual a Dios que lucha contra el Espíritu.

2. La esencia del pecado interior

¿Qué es este pecado que "mora" en, o pecado "interno", "el pecado" (*he hamartia*) del que Pablo habla tan gráficamente en Romanos 5–8? Este pecado original es un espíritu de testarudez, autosoberanía, avaricia, revancha y obstinación. Es una condición falsa de egocentrismo, una dependencia en nuestros

PARTE II - El significado y la naturaleza del pecado

propios esfuerzos para progresar en el camino de santidad, y una disposición a vivir en independencia respecto de Dios –dando por hecho la aprobación de Dios o presumiendo de Él. Este espíritu no es el producto de hábitos, educación inadecuada o malos ejemplos. Más bien, el hombre revela este espíritu desde su primera elección consciente.

Richard Taylor identifica esta naturaleza de pecado,

"como una poderosa esencia de amor idólatra hacia el ser mismo de la persona, que se halla implantada profundamente en el ser como una falla racial heredada. Podemos llamarlo una predisposición hacia la idolatría –donde el ser es el sustituto de Dios. Cuando el hombre cae, las fuerzas de su vida cesan de estar orientadas hacia Dios y se reorientan hacia su propio ser. Esta reorientación hacia el propio ser es tan violenta que crea una desconfianza, una resistencia y resentimiento instantáneo contra todo aquello que amenace la autonomía del yo. La amenaza suprema es Dios; por lo tanto Él es el objeto, aunque puede ser más o menos subconscientemente, de la suprema aversión. Pablo dice que esta naturaleza esencial es "enemistad contra Dios; porque no se sujeta a la ley de Dios, ni tampoco puede" (Romanos 8:7).

Pero esta enemistad es debido a la autoidolatría –su mentalidad carnal– un phroneo, o disposición, que se establece en el ser y en sus intereses.[10]

3. El poder dinámico del pecado que mora en el ser humano

El pecado "interno" es más que la suma total de las manifestaciones del pecado. Es un principio unitario, un profundo estado de enemistad entre el ser centrado en sí mismo y lo que reclama Dios. El pecado "original", sin embargo, no es una sustancia estática, sino una condición que resulta de interrupción de la

89

relación divina-humana. Su poder yace en su carácter dinámico y personal, que puede ser vencido y frustrado sólo por el poder aún más grande del amor divino.

En cierta ocasión Agustín escribió que ningún hombre puede cambiar la dirección de su amor como tampoco una roca puede cambiar la dirección de su caída. Esta fue su dramática manera de enfatizar la seriedad y el tiránico poder del pecado. Sólo el "expulsivo poder de un nuevo afecto" –la presencia del Espíritu Santo (Romanos 8:9)– puede eliminar y reemplazar el amor a uno mismo. Este egocentrismo del hombre debe y puede ser tratado con una limpieza radical instantánea del corazón, de la misma fuente de donde mana. La teología de santidad proclama que esta crisis moral –*entera santificación*– está en conformidad con la experiencia del hombre y, según se enseña en la Escritura, es el privilegio de cada hijo de Dios verdaderamente regenerado.

El hombre, hecho a la imagen de Dios, escogió hacerse a sí mismo a *su propia imagen*; por esta causa, perdió su semejanza moral con Dios y llegó a ser un "hijo de ira". Sin embargo, por medio de la obra de Cristo en la cruz, hay provisión para que el hombre sea liberado del pecado y del egocentrismo.

> *Bendito sea ese maravilloso arroyo púrpura,*
> *Que limpia toda mancha;*
> *Aún quedan almas no del todo redimidas,*
> *Si la tiranía del pecado aún reina.*
>
> *Señor, destruye ese imperio con tu aliento;*
> *Ese maldito trono debe derrumbarse.*
> *Plagas que pretenden llevarnos a la muerte,*
> *Desaparezcan, pues las odiamos a todas.*
>
> *— Isaac Watts*

6

Expiación:
La posibilidad de ser semejantes a Cristo

"Santidad no es el camino a Cristo, sino
Cristo es el camino a la santidad".
– James H. Aughey

Si el hombre va a ser aceptado por un Dios santo, algún medio debe ser provisto para liberar a ese hombre de su pecado y de su pecaminosidad y, de esta manera, proveer reconciliación, reclamación y restauración. La Palabra de Dios proclama que "la sangre de Jesucristo... nos limpia de todo pecado" (1 Juan 1:7). El deseo de Dios de tener un pueblo santo se logra por la obra de su Hijo en la cruz.

Como la muerte de su Hijo quebranta el poder del pecado y trae nueva vida, puede estar lejos de la humana capacidad de comprensión. *Que* esto es posible cuando los beneficios de la expiación, son apropiados por fe, fe cristiana y la experiencia, es la enfática declaración de las Escrituras.

En general la predicación y la enseñanza fracasan en establecer la relación entre las grandes enseñanzas bíblicas de santidad y santificación con Cristo —su sufrimiento, muerte y resurrección. Esto puede explicar, al menos en parte, porque muchos malinterpretan la vida santa como una vida de estrés y esfuerzo intenso, una mera lucha humana; o, por otro lado, ver la entera santificación en la vida del creyente como algo opcional.

El apóstol Pablo expresa elocuentemente la centralidad de la cruz para hacer realidad el propósito último de Dios:

"Porque primeramente os he enseñado lo que asimismo recibí: Que Cristo fue muerto por nuestros pecados conforme a las Escrituras; y que fue sepultado, y que resucitó al tercer día, conforme á las Escrituras... Pues me propuse no saber entre vosotros cosa alguna sino a Jesucristo, y a éste crucificado... Mas de él estáis vosotros en Cristo Jesús, el cual nos ha sido hecho por Dios sabiduría, justificación, santificación y redención" (1 Corintios 15:3-4; 2:2; 1:30).

La posibilidad de ser semejantes a Dios, o, semejantes a Cristo, ha sido recuperada por medio del reconciliador amor de Dios revelado en su Hijo en el Calvario. El *nuevo pacto* se estableció y así se inició *la restauración de la imagen de Dios*. "De modo que si alguno está en Cristo, nueva criatura es; *las cosas viejas pasaron; he aquí todas son hechas nuevas"* (2 Corintios 5:17).

La Trinidad entera participa en esta obra de redención. La obra es realizada por el Padre (1 Tesalonicenses 4:3), por el Hijo (Hebreos 13:12), y por el Espíritu Santo (Romanos 15:16). Aunque todo el ser de Dios está activo en cada fase de la redención, por medio de lo cual la divinidad comparte su santidad, por propósito de análisis discutiremos la actividad redentora de Dios por medio de los siguientes títulos: (1) El plan del Padre; (2) la provisión del Hijo; y (3) la proclamación del Espíritu.

El plan del Padre

La iniciativa divina para resolver el problema de pecado en el hombre se hace evidente en la cruz, "que Dios estaba en Cristo reconciliando consigo al mundo, no tomándoles en cuenta a los hombres sus pecados, y nos encargó a nosotros la palabra de la reconciliación" (2 Corintios 5:19). Lo que fue logrado en nuestro beneficio fue mucho más costoso que toda capacidad de reconocimiento y no puede ser medido con materiales estándares. "Sabiendo que fuisteis [nosotros] rescatados de vuestra [nuestra] vana manera de vivir, la cual recibisteis de vuestros padres, no con cosas corruptibles, como oro o plata, sino con la sangre preciosa de Cristo, como de un cordero sin mancha y sin contaminación, ya destinado desde *antes de la fundación del mundo*, pero manifestado en los postreros tiempos por amor de vosotros [nosotros]" (1 Pedro 1:18-20).

D. M. Baillie expresó gráficamente la conexión entre el propósito eterno de Dios y la expiación de Cristo: "Había una cruz en el corazón de Dios antes de que hubiera una plantada en la verde colina afuera de Jerusalén".[1] La expiación no fue un pensamiento de última hora. Fue concebida y llevada a cabo como una carga de amor y sacrificio de dolor en el corazón de Dios desde la eternidad.

Podemos decir muchas cosas acerca de Dios, excepto que Él no es capaz de sufrir. Aún "la posibilidad del mal moral en el momento de la creación fue hecho posible a costo de Dios".[2] Su sufrimiento no surge de un mero rechazo de su amor de parte del hombre, sino del desprecio del hombre expresado hacia Dios mismo —Su santo carácter. Esto se hace evidente en la implicación de las palabras de Pablo: "Así que, el que desecha esto, no desecha a hombre, sino a Dios, que también nos dio su Espíritu Santo" (1 Tesalonicenses 4:8).

A. La debilidad de la Ley y los sacrificios

Según se muestra en el Antiguo Testamento, la santidad de Dios fue la base de todos los acuerdos con su pueblo. Cada requerimiento de la ley, ya sea referido a la relación del hombre con Dios o de los hombres entre sí, surge de la santidad de Dios y Su deseo de santidad en el hombre (ver Éxodo 20; Levítico 19).

La Ley demandaba santidad. Por esta causa declaraba: "Por tanto, guardaréis mis estatutos y mis ordenanzas, los cuales haciendo el hombre, vivirá en ellos. Yo Jehová" (Levítico 18:5). Sin embargo, la pecaminosidad del hombre lo alienó de la presencia de un Dios santo y lo hizo incapaz de cumplir con sus santos mandamientos.

1. Funciones de la Ley

La ley divina, o mandamientos, aunque son buenos y necesarios, no pudieron lograr eliminar el pecado y efectuar la reconciliación ente Dios y el hombre. La Ley fue útil para *revelar* el pecado del hombre (Romanos 3:20), pero era incapaz de *conquistar* el pecado y restaurar la semejanza divina en el hombre. Reveló ambas cosas, los requerimientos de Dios y la inhabilidad divina de satisfacer esas demandas.

2. Precursores de la expiación de Cristo

La ley ceremonial, con sus sacrificios y ofrendas por el pecado, proveyó un medio de expiación temporal para las transgresiones del pacto primario, el Decálogo, o, los Diez Mandamientos (Gálatas 3:19; Hebreos 9:7). Sirvió como un tipo de Cristo (Colosenses 2:16-17) y enseñó la necesidad de santidad y de derramar sangre como el medio para la remisión del pecado (Hebreos 9:1-15).[3] Mientras los sacrificios requeridos por la Ley no tenían poder en sí mismos para expiar el pecado (cf. Hebreos 10:1-4), señalaban en fe hacia delante a la eficacia del sacrificio de Cristo para cumplir las demandas de la Ley.

3. La esencia de la Ley

Jesús simplificó los mandamientos divinos con su sumario del Decálogo: Y Jesús le dijo: Amarás al Señor tu Dios con todo tu corazón, y con toda tu alma, y con toda tu mente... Y el segundo es semejante: Amarás á tu prójimo como a ti mismo. De estos dos mandamientos depende toda la ley y los profetas" (Mateo 22:37, 39-40). Este amor completo o perfecto, por Dios y hacia el hombre, satisfaría la demanda de Dios de santidad.

Aún así, Jesús "sabía lo que había en el corazón del hombre" (Juan 2:25), y ese hombre, por sí mismo, no podía amar como Dios requería. Por lo tanto, ese requerimiento estaba ligado al poder dador de la nueva vida que Él vino a dar para ser posible. La santidad sería posible por la capacitación derivada de "estar en Cristo", el "segundo Adán" o "nuevo hombre".

4. El nuevo pacto y la expiación

La expiación de Cristo estableció el "nuevo pacto" de santidad y justicia personal según Lucas 1:72-75:

"Para hacer misericordia con nuestros padres, y acordándose de su santo pacto; del juramento que hizo a Abraham nuestro padre, que nos había de conceder, que, librados de nuestros enemigos, sin temor le serviríamos en santidad y en justicia delante de él, todos nuestros días".

Ni la muerte de Cristo ni sus enseñanzas anularon el antiguo pacto primario (los Diez Mandamientos), pero lograron hacer posible la obediencia a ellos según estaba prometido: "Por lo cual, este es el pacto que haré con la casa de Israel después de aquellos días, dice el Señor: Pondré mis leyes en la mente de ellos, y sobre su corazón las escribiré" (Hebreos 8:10). "Los estándares de bien y mal no cambiaron para ajustarse a la naturaleza del hombre, sino, la naturaleza del hombre cambió para lograr esos estándares. En este sentido, él es libre de la [condenación] de la ley".[4]

5. Cumplimiento de la Ley

Pablo relacionó la debilidad de la Ley con su cumplimiento por Cristo y la consecuente capacitación del creyente que este cumplimiento provee cuando es recibido por fe:

> "Porque la ley del Espíritu de vida en Cristo Jesús me ha librado de la ley del pecado y de la muerte. Porque lo que era imposible para la ley, por cuanto era débil por la carne, Dios, enviando a su Hijo en semejanza de carne de pecado, y a causa del pecado, condenó al pecado en la carne; para que la justicia de la ley se cumpliese en nosotros, que no andamos conforme a la carne, sino conforme al Espíritu" (Romanos 8:2-4).

Por medio de la obra expiatoria de Cristo se reemplazaron los antiguos sacrificios ceremoniales por "mejor ministerio" y "un mejor pacto, establecido sobre mejores promesas" (Hebreos 8:6).

La ley y los sacrificios ceremoniales abrieron el camino a la gracia, "por lo cual Dios... redime y conforma al hombre... [su] naturaleza a la perfecta voluntad y naturaleza de Dios, por *libre perdón y santificación*, por simple fe en la sangre de Cristo y por la agencia directa del Espíritu Santo". Gracia no es meramente el *favor inmerecido de Dios hacia el hombre* sino, también, una habilidad impartida por Dios al hombre, capacitándolo para alcanzar el estándar divino de santidad y justicia.[5]

El ver la Ley cumplida por Cristo,
Y escuchar su voz de perdón,
Cambia al esclavo en niño,
Y la obligación en servicio voluntario.

– William Cowper

B. El amor de Dios y la cruz

1. El juicio Divino y la remisión de pecados

La cruz revela el juicio de Dios, emitido sobre el pecado, mana de su santidad, y Su tolerancia, en la remisión del pecado, que brota de su amor.

El versículo bíblico clásico de Pablo que combina estas dos verdades es:

"A quien Dios puso como propiciación por medio de la fe en su sangre, para manifestar su justicia, a causa de haber pasado por alto, en su paciencia, los pecados pasados, con la mira de manifestar en este tiempo su justicia, a fin de que él sea el justo, y el que justifica al que es de la fe de Jesús" (Romanos 3:25-26).

Para que la santidad de Dios no quedara comprometida, o expuesta, por su ofrecimiento de justificación (perdón) y santificación, Él cargó la pena de nuestro pecado en su Hijo. ¡Esta es la suprema paradoja de la fe cristiana: Dios mismo paga en Cristo el costo de nuestro pecado!

2. Un Dios de amor santo

Dios no sólo es santo en carácter, también lo es en naturaleza. La relación entre la santidad y el amor de Dios ha sido ya afirmada por nosotros:

"Santidad proporciona la norma para el amor y por lo tanto debe ser superior [i. e., lógicamente debe antecederlo] a él.

Dios no es santo porque ama, Él ama porque es santo... Ambos, santidad y amor, pertenecen a la esencia divina...

Y no pueden ser separados (excepto en el pensamiento).

Justicia, por lo tanto, nunca puede ser necesaria y la misericordia opcional, siempre deben estar en forma conjunta; y en la economía redentora, santidad y misericordia son supremos".[6]

La santidad y el amor de Dios no se oponen de ninguna manera. Lo que demanda la santidad, lo provee el amor (1 Pedro 3:18). El motivo para la expiación se halla en el amor de Dios y la vida y muerte de Cristo son expresiones de ese amor.

"Porque de tal manera amó Dios al mundo, que ha dado a su Hijo unigénito... para que el mundo sea salvo por él... Más Dios muestra su amor para con nosotros, en que siendo aún pecadores, Cristo murió por nosotros... En esto se mostró el amor de Dios para con nosotros, en que Dios envió a su Hijo unigénito al mundo, para que vivamos por él... Si Dios es por nosotros, ¿quién contra nosotros? El que no escatimó ni a su propio Hijo, sino que lo entregó por todos nosotros, ¿cómo no nos dará también con él todas las cosas?" (Juan 3:16-17; Romanos 5:8; 1 Juan 4:9; Romanos 8:31-32).

Cristo no es Uno que por su muerte e intercesión evitó al hombre la ira del Padre. Él es Uno que libremente lleva a cabo la voluntad del Padre. En el Calvario, "la misericordia y la gracia se encontraron; la justicia y la paz se besaron" (Salmos 85:10).

La provisión del Hijo

La ocasión para la expiación, Dios ofrendó a Cristo como la "propiciación por nuestros pecados" (1 Juan 2:2; 4:10; cf. Romanos 3:25), es la presencia en el mundo de la pecaminosidad (pecado original) y de los actos de pecado.

Por su muerte y resurrección Cristo derrotó los poderes del mal (Colosenses 2:13-15); dio muerte al enemigo entre el hombre y Dios y entre el hombre y el hombre (Romanos 5:11; 2 Corintios 5:18-19; Efesios 2:14-16); y abrió la fuente de la santificación para toda la humanidad, esto hace posible una vida de victoria sobre el pecado y una vida santa día a día (Efesios 5:25-27; Hebreos 13:12; 1 Juan 1:7).

Este "don gratuito" está disponible para todos aquellos que crean (Romanos 5:18). Aceptar las provisiones que la santidad y el amor de Dios concede nos brinda la victoria descripta por Pablo: "Mas ahora que habéis sido libertados del pecado y hechos siervos de Dios, tenéis por vuestro fruto la santificación, y como fin, la vida eterna" (Romanos 6:22).

"Mas ahora que habéis sido libertados del pecado y hechos siervos de Dios, tenéis por vuestro fruto la santificación, y como fin, la vida eterna" (Romanos 6:22).

Al estar reconciliado con Dios accedemos, por medio de la fe en Cristo, a los beneficios de la expiación, por los cuales somos liberados de (a) la culpa del pecado; (b) el reinado del poder del pecado; y (c) la presencia interna del pecado.

Lo primero ocurre en la justificación y la adopción; lo segundo en la regeneración (que es simultáneo con la justificación y esto constituye la conversión o nuevo nacimiento); y lo tercero en la entera santificación (que nosotros creemos que es una "segunda" obra de gracia que le sigue a la regeneración). La expiación de Cristo es el medio por el cual la reconciliación o expiación ("restaurados", o, "reunidos con Dios") se hacen realidad.

A. Restauración de comunión

1. Justificación

Ser justificado es ser perdonado de todos los pecados pasados por un acto de la gracia de Dios, liberados de la condenación o culpa del pecado, y aceptado delante de Dios como si nunca hubiéramos pecado. Justificación es lo que Dios hizo *para* nosotros en Cristo. Produce un cambio de relación respecto de Dios, quien nos declara justos. Sin embargo, Dios nunca *declara* a alguien justo (justificado) sin *hacerlo* justo. Si Dios lo hiciera de otra manera esto equivaldría a errar o a mentir.

2. Adopción

Como la justificación, la adopción es un acto de Dios que se lleva a cabo aparte de nosotros y describe un cambio en nuestra relación con Él. "Por medio de la justificación, Dios nos recibe en su gracia; por la adopción nos recibe en su corazón".[7] Mientras que la justificación derrota a la alienación y a la enemistad, la adopción nos introduce en la familia y el afecto de Dios.

Las bendiciones y derechos de los adoptados son muchos. Si alguien es un hijo, debido a ello, es heredero de Dios y coheredero con Cristo (Romanos 8:17). Como hijo, uno tiene acceso a todo lo que Cristo tiene y es. "Todo es vuestro" (1 Corintios 3:21). Y, desde ya, tenemos asegurada una herencia eterna (2 Timoteo 4:8; Santiago 1:12; 1 Pedro 1:4).

¡Contemple, qué maravillosa gracia
El Padre nos ha concedido
Ha pecadores de una raza moribunda,
Llamarnos Hijos de Dios!

       – Isaac Watts

B. Restauración de carácter

Aunque esta relación descripta como justificación y adopción es maravillosa, no logra manifestar todos los beneficios de la expiación. Estos tienen que ver con una reconciliación o restauración de la *comunión* con Dios. A la luz del intransigente carácter del pecado y el deseo de Dios de santidad en el hombre, tiene que ser también posible una restauración del *carácter* del hombre. Por esta causa se nos amonesta, "despojaos del viejo hombre" y "vestíos del *nuevo hombre*, creado *según Dios en la justicia y santidad de la verdad*" (Efesios 4:22-24; cf. Romanos 13:14; Colosenses 3:9-10).

La expiación provee más que perdón de pecados y adopción en la familia de Dios. "El punto principal en la salvación del hombre no es la remoción del pecado, sino la real transformación de una pecador en un obediente hijo de Dios".[8]

1. Unión con Cristo

La salvación incluye aspectos positivos como también negativos. El aspecto negativo de la conversión es el perdón, la justificación. Pero, positivamente, Dios se propuso entregarse a sí mismo y hacernos "como Cristo". La muerte de Cristo en la cruz no sólo es "por nosotros", también es algo que Dios realiza "en nosotros". "Cristo en vosotros, la esperanza de gloria" (Colosenses 1:27*b*).

La vida divina fluye a través del pueblo de Dios como la vida de la vid fluye a través de las ramas (Juan 15:1 f.f.). La venida de Cristo y el Espíritu Santo es para que Él pueda reproducir su propia imagen en nosotros. "Yo he venido para que tengan vida, y para que la tengan en abundancia" (Juan 10:10b).

¡Cristo tomó nuestra muerte; pero, nosotros debemos tomar su vida!

El lado positivo de la conversión es la regeneración, es impartir la vida de Dios al alma (Juan 5:21). No hay grados de justificación. Uno es perdonado, o no lo es. En este sentido la justificación es entera, perfecta y completa. Pero con la regeneración o "vida en Cristo", el "nuevo hombre" (2 Corintios 5:17) sólo comienza –para luego continuar creciendo en la conformidad a su semejanza.

La expiación es más que destruir la barrera del pecado y, aún, más que acabar con la separación que ocasionó el pecado. Por la muerte de Cristo somos incorporados a su cuerpo espiritual, la iglesia. Ahora tenemos una "nueva, unión espiritual orgánica con Cristo, por la que somos, en un sentido imposible de comprender, uno con Él".[9]

2. Santificación por medio de Cristo

Cristo "en nosotros" es nuestra "santificación [santidad]" (1 Corintios 1:30). James Stewart enfatiza la relación entre reconciliación con Cristo y nuestra santificación –el lado positivo de nuestra salvación. "Sólo cuando se mantiene la centralidad de la relación con Cristo podemos apreciar la santificación en su verdadera naturaleza, como el despliegue del mismo carácter de Cristo en la vida del creyente; y, sólo entonces, se puede entender la relación esencial entre religión y ética".[10]

El propósito de la santificación es romper el poder y el dominio del pecado, remover la condición de pecado que es idolatría de nuestro mismo ser y egocentrismo y renovarnos a la imagen de Cristo. A través de la expiación, la reconciliación –compañerismo y carácter– es posible. Por medio de esta obra "nuestro ser pecaminoso es vencido y se crea un compañerismo con Dios logrado al vivir para Cristo".[11]

La santificación –en el sentido más bíblico– denota la *completa* recuperación, por gracia, de los efectos del pecado. El hecho de que todos estos no son removidos inmediatamente, sino progresivamente y en distintas etapas, de ninguna manera sugiere una limitación del poder de Dios. Más bien, se relaciona a la capacidad del hombre de responder a la gracia de Dios.[12]

La santidad y la santificación son el resultado de la actividad de Cristo en la cruz. Como se afirma en la Parte I, los términos "santidad" y "santificación" no tienen el mismo sentido. "Santidad", en lo relacionado con el hombre, se refiere a la vida de santidad, a la cualidad y etapas de nuestra vida moral y religiosa; "santificación" denota el acto o proceso por el cual somos hechos santos.[13]

La Escritura distingue tres significados de santificación, cada uno de los cuales es obra de Dios y, por los cuales, el hombre es hecho santo.[14]

a. Santificación continua –un proceso total

La palabra *hagiasmos* (adecuadamente traducida en la mayoría de los casos "santificación") aparece numerosas veces en el Nuevo Testamento y significa progreso (ver Romanos 6:19, 22; 1 Corintios 1:30; 1 Tesalonicenses 4:3-4, 7; 2 Tesalonicenses 2:13; 1 Timoteo 2:15; 1 Pedro 1:2). Se refiere a la total obra de Dios desde el primer momento de convicción (despertar espiritual) hasta la final conformidad a la imagen de Cristo. En ningún lugar este poder para una vida santa o *dentro de* la gracia (no crecer "en" gracia) es entendido como consecuencia de un mero esfuerzo humano. "Perfeccionar la santidad en el temor de Dios" en todos los aspectos de la vida diaria (2 Corintios 7:1; Hebreos 6:1) siempre presupone la actividad divina.

b. Santificación inicial (1 Corintios 6:9-11)

Esto es el lavamiento de la *culpa* interna del pecado –el lavamiento de la regeneración. Es la limpieza de los viejos pecados en el pecador, de la impureza que acompañaba sus obras pecaminosas. Todos los creyentes son lavados de sus pecados, liberados del dominio o *poder* del pecado. La santificación inicial ocurre en forma simultánea con el nuevo nacimiento o regeneración y continúa a través de la vida cristiana hasta que lleguemos a ver a Cristo cara a cara.

En el momento de la conversión se realiza una transición decisiva, tiempo en el cual cada cristiano es inicialmente "santificado" o hecho "santo". El verdadero cristiano disfruta la continuación de su santificación buscando vivir es "nueva relación" y, bajo el tierno tutelaje del Espíritu Santo, se mueve normalmente a la próxima etapa crítica del la vida de santidad –entera santificación y más allá.

c. Entera santificación

Por fe, en un momento, el creyente es limpiado de la contaminación del pecado interno, y el corazón es perfeccionado en amor (ver Juan 17:17-19; 2 Corintios 7:1; Efesios 1:4; 5:26; 1 Tesalonicenses 5:23-24). Aquí, la obra de Dios comienza con la regeneración y aún antes, llega a ser completa en un "vínculo de perfección" que une igualmente al cristiano con Dios y con el prójimo.

Alguien que es nacido del Espíritu no puede oponerse, o retroceder, de esta limpieza divina y su meta final de llegar a ser semejantes a Cristo. Él puede esperar más luz –siendo obediente entre tanto. Puede existir una temporal falta de deseo a avanzar hacia la entera santificación una vez que uno ve claramente las implicaciones de este compromiso inicial; pero ese creyente no puede caprichosamente resistir y, al mismo tiempo, ser digno del "supremo llamamiento de Dios en Cristo Jesús" (Filipenses 3:14).

Es un error limitar nuestro entendimiento de la expiación únicamente a la justificación del hombre. También abarca la santificación del hombre, limpieza de todo pecado, la llenura del Espíritu Santo y la unión, momento a momento, con Cristo. Ralph Earle lo presenta de una manera muy simple: "La vida santificada es la vida de Cristo... si su (de Cristo) completa sumisión fue la causa que procuró nuestra expiación, nuestro completa sumisión [de la vida centrada en nosotros mismos] es el medio por el cual se hace efectiva en nosotros".[15]

La forma en que esta reconciliación opera en nosotros por la obra del Espíritu Santo debemos intentar mostrarla de las Escrituras.

La proclamación del Espíritu

La conexión entre redención por medio de Cristo y la obra santificadora del Espíritu Santo se hace evidente en las palabras de Jesús: "Él me glorificará; porque tomará de lo mío, y os lo hará saber" (Juan 16:14). El Santo Espíritu hace real, o aplica, en la vida del creyente lo que Cristo logró por sus sufrimientos, muerte y resurrección. Pablo declaró esto en 1 Corintios 6:11: "Y esto erais algunos; mas ya habéis sido lavados, ya habéis sido santificados, ya habéis sido justificados en el nombre del Señor Jesús, y por el Espíritu de nuestro Dios".

A. Novedad de vida

1. El don del Espíritu Santo

El Espíritu Santo es el agente de nuestra nueva vida o nuevo nacimiento (Juan 3:1-15). De ahí que sea también llamado "Espíritu de Vida", pues nos libera de la ley del pecado y de la muerte (Romanos 8:2). El cristiano comienza su caminar con Dios por el Espíritu, de la manera que Pablo desafía a los Gálatas: "¿Tan torpes son? Después de haber comenzado con el Espíritu, ¿pretenden ahora perfeccionarse con esfuerzos humanos?" (Gálatas 3:3, NVI).

El Nuevo Testamento afirma de manera explícita que el hombre convertido recibe y posee el Espíritu Santo. En el pasaje clásico de justificación (Romanos 5:1-5) Pablo sostiene que "Dios ha derramado su amor en nuestros corazones por el Espíritu Santo que nos ha dado" (v. 5). Él habló del Espíritu como el "Espíritu de Cristo" y declaró, "si alguno no tiene el Espíritu de Cristo, no es de Cristo" (8:9b). Aunque cada creyente posee el Espíritu Santo, no se puede asumir que el Espíritu Santo posee, o completamente controla, cada creyente. No es incorrecto decir que "la carga suprema de las epístolas de Pablo es la santificación de la iglesia".[16] La doctrina de la santificación de Pablo está establecida en Romanos 5–8.[17] Él enseñó que con la unión al Cristo crucificado-resucitado nosotros recibimos al Espíritu dador de la vida. El Espíritu mora en el creyente como el santificador Espíritu de Cristo.

El cristiano no vive "en la carne" sino "en el Espíritu" (Romanos 8:9; Gálatas 5:25), quien viene a ser la promesa o garantía de nuestra resurrección final con Cristo (Romanos 5:15; 8:18; 2 Corintios 1:21-22; Efesios 1:13-14). La vida en el Espíritu del creyente, por lo tanto, abarca su existencia en Cristo desde la justificación hasta la glorificación. Aquí está la base bíblica en el Nuevo Testamento para una doctrina de santificación progresiva o continua la cual incluye los distintos momentos de justificación y regeneración, entera santificación y, finalmente, glorificación en el día final.[18]

2. El comienzo de la santificación

Como hemos visto, la santificación del creyente (o vida de santidad) comienza en su conversión. Por un acto de fe acepta el hecho de que en la cruz de Cristo él ha muerto al pecado (Romanos 6:1-2). El claro significado es que el poder del pecado es quebrantado; uno deja de pecar y tiene acceso al poder de la gracia que es mayor que el pecado. El ser controlado por el pecado, nuestro "hombre viejo", fue "crucificado" con Cristo (Romanos 6:6; Gálatas 5:24). El Espíritu Santo a través de la Palabra muestra lo que Cristo hizo en nuestro beneficio. "Él apareció para quitar nuestros pecados" (1 Juan 3:5) y "llevó él mismo nuestros pecados en su cuerpo sobre el madero, para que nosotros, estando muertos a los pecados, vivamos a la justicia" (1 Pedro 2:24).

Por su muerte en la cruz, Cristo no sólo tomó sobre sí nuestro castigo sino que también nos llevó a la cruz. Él murió como nuestro sustituto y como nuestro representante. Así Pablo declaró: "uno murió por todos, luego todos murieron... para que los que viven, ya no vivan para sí, sino para aquel que murió y resucitó por ellos" (2 Corintios 5:14-15). De la misma manera que el creyente es identificado con la muerte de Cristo, también por fe es identificado con la resurrección de Cristo. El creyente también ha sido levantado de entre los muertos (la tumba de delitos y pecados) por la gloria del Padre con el fin de caminar en novedad de vida (Romano 6:4). Esta "novedad de vida" se describe como la "nueva vida en el Espíritu" (Romanos 7:6), caminando "conforme al Espíritu" (8:4), y siendo "guiados por el Espíritu (v. 14). Este es el nuevo nacimiento del que habló Jesús (Juan 3:3-8). Es ser hecho "una nueva criatura" en Cristo Jesús; "las cosas viejas pasaron; he aquí, todas son hechas nuevas" (2 Corintios 5:17). Este es el comienzo tanto de la santificación *interna* como *externa*.

B. Vida en el Espíritu

1. Los creyentes deben continuar hacia la entera santificación

La santificación que comienza con la conversión no debe ser confundida con la *entera* santificación por razones obvias:

a. Los creyentes cristianos son, algunas veces, identificados como aún carnales (1 Corintios 3:1-4) y, por lo tanto, son poseedores de una fe imperfecta (1 Tesalonicenses 3:10; 4:3-8; 5:23). Pablo oró que Dios los "santifique por completo" (1 Tesalonicenses 5:23).

b. El apóstol amonestaba a los creyentes a "consideraos muertos al pecado, pero vivos para Dios en Cristo Jesús, Señor nuestro" (Romanos 6:11); y por lo tanto, "presentaos vosotros mismos a Dios como vivos de entre los muertos, y vuestros miembros a Dios como instrumentos de justicia" (Romanos 6:13*b*).

2. La consagración completa es una condición para la entera santificación

La palabra *"presentaos"* aparece en tiempo verbal aoristo, lo que sugiere un acto específico de *rendición incondicional al señorío de Cristo*. Este es el momento o "crisis" de la entera santificación, en el que la naturaleza pecaminosa es expurgada del corazón.

T. A. Hegre dice sobre la naturaleza crítica y completa de la rendición a Dios: "Rendición es la negación del yo –no la negación de las cosas y, tampoco, (también llamada) autonegación. La negación del ser es el pronunciamiento de una rendición incondicional [no el objeto de la capitulación] a Jesucristo, incluyendo todos los 'derechos sobre mi mismo'".[19]

De la misma manera en que Adán dejó de estar centrado en Dios y, por causa de su pecado, se volvió un ser centrado en sí mismo, así sucede también con los que están "en Adán". Ellos son esclavos de Satanás. La esencia del pecado del hombre es la pretensión de hacer todo a "su manera", la sustitución de la manera de Dios por su propia manera. Esta naturaleza pecaminosa se debe tratar por medio de una identificación radical con la muerte y resurrección de Cristo. Sólo así uno puede ser transformado al punto de ser hecho semejante a Cristo.

3. La entera santificación es más que consagración

La consagración es la obra humana, aun así, sólo posible por gracia; entera santificación es una obra divina. Este acto de Dios por su Espíritu en la vida del creyente se corresponde "perfeccionando la santidad" (2 Corintios 7:1); con ser "santificado por completo" (*holoteleis*), entera y perfectamente (1 Tesalonicenses 5:23); con "ser llenos del Espíritu" (Efesios 5:18;

109

también 3:14-20); y ser hecho "santos y sin mancha... en amor" (Efesios 1:4; 5:25-27; 1 Tesalonicenses 3:13).

Jesús enseñó con claridad las condiciones para que su expiación fuera efectiva en nosotros de manera personal. Él dijo: "Si alguno quiere venir en pos de mí, *niéguese a sí mismo*, y *tome* su cruz, y *sígame*" (Marcos 8:34). Estas palabras "niéguese" y "tome" están en tiempo aoristo, indicando una crisis definitiva, un momento en el tiempo específico. La palabra "sígame", sin embargo, está en el tiempo presente continuo, lo que significa, "síganme de manera continua" y así se indica el desarrollo de la naturaleza progresiva de la consagración y la santificación.

4. La vida de santidad implica una continua sumisión a Cristo

Seguir a Cristo diariamente incluye traer nuestros cuerpos a una plena sujeción a Dios. El cuerpo no es pecaminoso pero se la ha dado un "mal uso". Ahora el cuerpo debe ser disciplinado y sacrificado, si es necesario, para la gloria de Dios y por el bien de otros. Jesús habló en entregarle la nueva vida a Dios para que pueda producir fruto (Juan 12:24), y Pablo exhortaba a los creyentes a presentar sus cuerpos en sacrificio vivo a Dios (Romanos 12:1).

La continua vida de santidad, o el progresivo aspecto de la santificación, se indica en el tiempo presente utilizado en Romanos 6:16: "¿No sabéis que si os sometéis a alguien como esclavos para obedecerle, sois esclavos de aquel a quien obedecéis, sea del pecado para muerte, o sea de la obediencia para justicia?".

En relación a esta continua vida en el Espíritu observó W. M. Greathouse:

"La vida rendida es una vida puesta a disposición de Dios momento a momento... Esto es lo que Wesley, después de Jesús llamó morar en Cristo, y Pablo describía como caminar por [mejor 'en', esto es, no meramente de acuerdo a o en conformidad con] el Espíritu".[20]

Conclusión

El pecado de Adán corrompió la raza humana entera. Afectó la relación hacia su *Soberano* —y trajo alienación y muerte espiritual. Afectó la relación del hombre consigo mismo —y acarreó culpa, condenación y corrupción. Afectó su relación con Satanás —y trajo esclavitud y pérdida de la libertad espiritual. Afectó su relación con la sociedad —y trajo maldad e injusticia entre los hombres y las naciones.

Estos problemas humanos fundamentales han sido resueltos por la expiación de Cristo. El magnífico plan de redención de Dios llevado a cabo en el Calvario restableció la relación con Dios —y trajo reconciliación, adopción a la familia en la familia de Dios y nueva vida.

Recupera el verdadero ser del hombre —y trae perdón, aceptación y limpieza; destruye el poder de Satanás y restaura la habilidad, dada por Dios, o libertad de amar; hace posible la armonía entre los varios segmentos de la sociedad, paz con los propios compañeros y produce el crecimiento continuo del carácter cristiano.

Para este fin "Jesús, para santificar al pueblo mediante su propia sangre, padeció fuera de la puerta" (Hebreos 13:12). Y "nuestro viejo hombre fue crucificado juntamente con él, para que el cuerpo del pecado sea destruido, a fin de que no sirvamos más al pecado" (Romanos 6:6). "Gracias sean dadas a

Dios, que nos da la victoria por medio de nuestro Señor Jesucristo" (1 Corintios 15:57).

¡Bondad incomparable! ¡Divino amor! Que nuestros corazones te adoren fielmente. La gracia sin igual; no se rinde ante el pecado, ni lleva sus grilletes nunca más.

— Daniel Steele

7

Errores y preguntas comunes

"Una vida santa no es una vida ascética, o melancólica,
o solitaria, sino una vida regulada por la verdad
divina y fiel a la obra cristiana. Es vivir por encima del
mundo aún estando en él".

— Tyron Edwards

A través de la historia la iglesia cristiana ha declarado que la santificación en su sentido pleno es un proceso moral y una renovación espiritual que comienza con la regeneración y continúa hasta la glorificación. Nosotros creemos como nuestra doctrina "distintiva" que en el proceso interno de la renovación del creyente a la imagen de Dios hay un momento cuando él es bautizado con el Espíritu Santo y limpiado de la polución "interna" del pecado —"entera", es decir, diferente de la limpieza "inicial", santificación (1 Tesalonicenses 5:23).

La primera obra del diablo en el huerto de Edén fue producir un estado de *alienación* y *rebelión* contra Dios. Pero, "Para esto apareció el Hijo de Dios, para deshacer las obras del diablo" (1 Juan 3:8*b*).

Por lo tanto, la redención es totalmente adecuada para satisfacer la necesidad espiritual del hombre. La expiación de

Cristo trata no *solamente con las manifestaciones del pecado sino con la* condición del mismo; no sólo con los síntomas sino con la enfermedad del pecado.

Malentendidos desafortunados

Esta doctrina ha sido algunas veces desacreditada por interpretaciones erróneas, aun de parte de aquellos que exponen su verdad. Es imperativo que se saquen a la luz y remuevan esos errores. Si así no se hiciera, se empañará la clara enseñanza bíblica y, así, se dificultará a muchos cristianos para que alcancen el "descanso" provisto para ellos (Hebreos 4:9). Mencionaremos algunos de los malentendidos más comunes.

A. Que las señales externas son criterio suficiente para juzgar la experiencia cristiana de alguien, especialmente la entera santificación

Con frecuencia mantienen varios estándares externos, de varios tipos, como evidencia necesaria de que un cristiano fue enteramente santificado. Donde aquellas condiciones preconcebidas no aparecen, se juzga a los individuos como no haber alcanzado ese estado de gracia. Varias maneras de vestirse, reacciones emocionales prescriptas bajo severo estrés, manifestación de un particular don del Espíritu, tener todo en un momento u otro como señal de que uno fue verdaderamente "santificado por completo", o lleno del Espíritu.

1. *La limitación de los estándares humanos*

Estos estándares pasan por alto en hecho de que los hábitos de vestimenta pueden estar determinados por causas como recursos financieros o el gusto personal tanto como por el deseo de expresar modestia; que algunas personas son más dulces o equilibradas por naturaleza o temperamentales que por gracia; y que la Escritura da el *fruto* del Espíritu como parte de la evidencia de la santificación en lugar de cualquier *don* del Espíritu. Además, estos estándares fallan pues no consideran que Dios trata con cada persona individualmente y el grado de luz dado no es siempre el mismo para cada uno en un momento determinado.

2. Las virtudes de Cristo deben ser manifiestas

Es verdad que "por sus frutos los conoceréis" (Mateo 7:20). Sin embargo, estándares de medición meramente *humanos* no son bíblicos ni adecuados. Más bien, el Espíritu (virtudes) de Cristo debe ser evidente. Aún con este estándar no es siempre posible estar seguro del estatus espiritual de otra persona. Aquí podemos aplicar la advertencia de Jesús: "No juzguéis, para que no seáis juzgados" (v. 1).

Esto no equivale a sugerir que la modestia en el vestir no es importante –en verdad, el estilo de vida del cristiano es marcadamente diferente al del no creyente; o de aquel a quien el Espíritu no asiste en tratar con problemas emocionales o temperamentales; o que los dones del Espíritu son insignificantes. Más bien, esto quiere decir que la semejanza con Cristo, el amor divino vivido por medio nuestro, es en última instancia el único estándar firme para medir. Y quien debe medir es Cristo, no sus seguidores.

B. Que el creyente que aún no es enteramente santificado no ha recibido el Espíritu Santo

Debido a que el espíritu de pecado, un espíritu de egoísmo, llamado técnicamente "pecado original", permanece en la persona convertida hasta ser abolido en la entera santificación, algunos razonan que uno no puede recibir el Espíritu Santo hasta ese momento, puesto que –de acuerdo con su premisa– el Espíritu Santo no residirá en un corazón donde aún hay pecado.

1. Pecado no conocido es tolerado por cualquier cristiano

Esta conclusión pasa por alto el hecho de que el verdadero cristiano voluntariamente no condona el pecado o pecados conscientemente. Ambos son personales e involucran una relación inadecuada con Dios. Por lo tanto una analogía personal puede arrojar luz sobre esta mala interpretación.

Dos personas pueden estar conociéndose una a la otra y, aún así, una de ellas puede estar guardándose inconscientemente de la otra –no es completamente abierta. La relación es, aún así, fructífera y productiva. Sin embargo, cuando llega a estar consciente de su reserva, ella debe abrirse a sí misma a la otra persona, o la relación puede interrumpirse y terminar.

Esto es análogo a la vida y la experiencia del cristiano que aún no es enteramente santificado. Verdaderamente él siente en su conversión que la sumisión de su soberanía a Dios es completa, que el espíritu de pecado seguramente ha sido removido. No será hasta más tarde que notará sus reservas internas que protegen su yo.[1] Es el Espíritu regenerador que capacita al creyente a tratar con estas, ahora conscientes, reservas.

2. La presencia del Espíritu Santo es una marca del nuevo pacto

El Dr. G. B. Williamson escribió: "Aquellos quienes sostienen que el Espíritu Santo no fue impartido, en ninguna medida, en el cristiano regenerado no tienen ninguna base bíblica para apoyar su punto de vista".[2] La Escritura es clara (como se ve en el capítulo 6) en esta enseñanza, el Espíritu Santo viene a habitar en el creyente en su conversión. Dios pone su Espíritu de Cristo, en él. Esta es un marca del nuevo pacto (ver Juan 6:56; 14:17, 20; 15:4; 17:26; Romanos 8:9; 1 Corintios 3:16-17; 6:19; 2 Corintios 13:5; 1 Juan 3:24; 4:4, 12-13, 15).

Convertirse a Cristo (ser salvo) es recibir el Espíritu Santo: "Si alguno no tiene el Espíritu de Cristo, no es de él" (Romanos 8:9). "Nadie puede llamar a Jesús Señor, sino por el Espíritu Santo" (1 Corintios 12:3). Cada persona que llega a ser una nueva criatura recibe el Espíritu Santo.

Se afirma que en la regeneración el Espíritu Santo llega a residir en el creyente, mientras que en la entera santificación llega a presidir, o tomar completo control de la vida de la persona que cree. En la primera circunstancia el Espíritu aguijonea, ilumina y promueve la actividad; en la segunda, Él guía, vigoriza y penetra cada área de actividad en la vida del creyente.[3]

C. Que el creyente recibe sólo parte del Espíritu Santo

Otros no niegan el hecho de que en la conversión se recibe el Espíritu Santo, pero imaginan que el creyente recibe sólo una parte del Espíritu en la obra de gracia inicial y lo restante, la otra parte, se recibe cuando ese creyente es *enteramente* santificado.

1. Amor requiere compromiso total

Este punto de vista representa una figura cuantitativa y, de esta manera, desvía de la verdad. Puesto que Dios es una persona que desea darse a sí mismo, y nosotros somos personas que fuimos hechos para compartir su imagen, una analogía

117

personal puede ayudarnos a entender esta realidad. Considere la relación de amor entre un hombre y una mujer jóvenes. Su romance puede alcanzar un nivel donde el "compromiso" es apropiado –una "crisis" que implica los votos críticos y firmes entre sí. Así podemos entender la conversión.

En una relación normal este compromiso se desarrollará en el momento transicional y decisivo del matrimonio, en el que ambos, completamente entregan sus vidas el uno al otro. Ambos pensaban que en el momento del compromiso lo dieron todo; pero al estar frente al altar, cada uno se ve ahora más involucrado que en el pasado. Y con ojos bien abiertos, ambos se comprometen a sí mismos sin ningún tipo de reserva. Esto puede ser una analogía de la entera santificación.

Luego llega la actual vida matrimonial en la que emergen nuevas situaciones y se realizan nuevos sacrificios. Pero el compromiso realizado una vez y para siempre no se revisa o no está en duda. Esto es un paralelo de la continuidad y el progreso de la vida enteramente santificada.

Además, la relación se vuelve cada vez más profunda. Sería inadecuado decir que estos jóvenes reciben sólo una parte del otro en una etapa y el resto en una etapa posterior –si en estos términos nos referimos a una entidad cuantitativa. Más bien, decimos que ellos llegan a "conocerse" –amar, apreciar, comprender– mejor progresivamente el uno al otro. Ellos se sienten cada vez más "cómodos" en la mutua presencia y progresivamente se siente más seguros de la aprobación del otro –sin considerar lo obtenido de la relación como la totalidad. De ninguna manera esto minimiza las distintivas crisis del compromiso y el matrimonio.

2. El amor de Dios lo mueve a darse, Él mismo, por completo

Esta es, una vez más, una analogía bíblica repetida que se utiliza para describir la vida espiritual en relación a Dios. Dios inicia un romance con el hombre por medio de su gracia preveniente. ¡En la ofrenda que realiza, de sí mismo, Él lo entrega todo! No entrega una parte de sí mismo a uno y reserva un fragmento diferente para otro, o para darlo a la misma persona más tarde. Dios no es un filántropo infinito que en cada regalo retiene más de lo que concedió. Él se entrega a sí mismo totalmente en el momento, a pesar de que las capacidades y habilidades del hombre para recibirlo varían en relación a su etapa de desarrollo espiritual.

Cuando los hombres responden en obediencia, allí surge un compromiso —acontece la crisis del nuevo nacimiento. A medida que el romance se profundiza, el creyente comienza a ver lo que este compromiso significa —la entrega total y la renuncia a uno mismo. Uno puede haber pensado que este problema con nuestro ego ya estaba resuelto, pero el desarrollo de la relación nos muestra algo diferente.

Así, él o ella, experimentan una segunda crisis de entera santificación, en la que se someten a las totales implicaciones que la relación demanda.

Luego llega la vida de "perfección cristiana", plena santidad cristiana, que debe ser vivida momento a momento. Surgirán nuevas situaciones que presentarán nuevas demandas, pero el compromiso fundamental y crítico no requiere ser reconsiderado. Un llamado a un ministerio especial, por ejemplo, no es una crisis en el sentido de decidir si haremos o no la voluntad de Dios —aunque puede ser un aspecto crítico conocer exactamente cuál es la voluntad de Dios. Como en el matrimonio, esta relación de amor divino-humano se vuelve cada vez más rica y plena.

D. Que pecado original es una cosa

Es imposible definir pecado "original" con una certeza que nos satisfaga. Aun los escritores bíblicos, aún siendo inspirados divinamente, se vieron forzados a acomodar sus verdades a las limitaciones del vocabulario humano. Como consecuencia, la Palabra de Dios se refiere al pecado del corazón del hombre como "el cuerpo de pecado" (Romanos 6:6), o, "este cuerpo de muerte" (7:24). Estas figuras, puesto que son símbolos que describen una condición moral, son insuficientes para describir lo que es pecado.

1. Pecado es una cualidad moral

Al fallar en entender estas funciones y limitaciones del lenguaje, muchos dan una interpretación literal a las figuras del lenguaje utilizadas para describir el pecado. Como consecuencia, muchos rechazan la posibilidad de limpieza de todo pecado o están seriamente, pero de manera innecesaria, perplejos intentando comprender cómo se puede remover el pecado del corazón humano; o como, una vez removido, "esto" puede regresar para contaminar el interior del ser humano.

En relación a esto, H. V. Miller nos advierte:

"Pecado no es ALGO. No es una actual SUSTANCIA. Pecado es una cualidad moral. Aún aquellos que experimentaron la pureza de su corazón personalmente se sintieron desconcertados en relación a qué es realmente el pecado de corazón. Pecado es un virus en el torrente sanguíneo de la naturaleza moral... una malignidad que

se mueve en la naturaleza moral del hombre. Pero, debemos ser cautos y recordar el hecho de que pecado no es una sustancia real".[4]

2. Pecado es una condición, no un estado incambiable

J. B. Chapman comparaba el pecado "original" con la oscuridad, agregando que la presencia del Espíritu en nuestras vidas es análoga a la luz que arroja. Por esto sostenía que era más conveniente pensar en una *condición* en lugar de un *estado* de santidad.[5] Juan lo expresa claramente: "Pero si andamos en luz, como él está en luz, tenemos comunión unos con otros y la sangre de Jesucristo su Hijo nos limpia de todo pecado" (1 Juan 1:7).

Porque el pecado "original" no es una entidad material, si así fuera nunca podría retornar una vez que su raíz es destruida, la limpieza que ocurre en un *momento* debe continuar momento a momento. Cristo es necesario continuamente para estar protegidos contra la reaparición de "el" pecado que fue echado del alma, de la misma manera que una lámpara es necesaria para prevenir la "oscuridad" –a pesar de que la oscuridad fue disipada.

E. Que Dios posee un doble estándar

Uno de los más devastadores e hirientes malentendidos que rodea a la santificación es que hay dos estándares *diferentes* para la vida cristiana –uno para el que es "meramente salvo" y otro para el creyente enteramente santificado. Este error bloquea el crecimiento y adormece la conciencia por medio de la indiferencia y la complacencia.

121

1. *Ser semejantes a Cristo es el único estándar*

Aquellos que aceptaron esta presuposición con frecuencia asumen que uno no es llamado a un compromiso radical y absoluto con Cristo hasta que llega a la entera santificación; el ser interior puede procurar vivir a su manera mientras, al mismo tiempo, la vida espiritual se puede prolongar indefinidamente. Demasiados creyentes justifican esta falla en demostrar los frutos del Espíritu por la apresurada ocurrencia de que ellos no son uno de los "enteramente santificados" y, por lo tanto, no serán juzgados por esta medida.

Hay un único estándar para todos, a saber, ser semejantes a Cristo. Es tan necesario para el cristiano regenerado demostrar las virtudes de Cristo como lo es para el cristiano enteramente santificado. Es verdad la frase, comúnmente mencionada, que dice "la entera santificación es la regeneración simplificada". La persona que es enteramente santificada no vive de acuerdo a ideales más elevados sino que tiene mayores recursos del Espíritu para cumplir con las demandas del discipulado cristiano.

2. *No existe un compromiso parcial en la vida cristiana*

La vida de un cristiano, la vida de santidad, es un manto sin costura. De esta manera uno se entrega en todo lo que conoce a Dios en la conversión –se somete por completo a los requerimientos de Dios. Uno no hace un compromiso "parcial" en la regeneración y uno "total" en la entera santificación.

En la práctica actual uno ora en esencia la misma oración para la conversión que cuando uno ora por la entera santificación. Técnicamente, podemos hacer distinciones teológicas válidas entre una oración de confesión y una oración de consagración, pero el espíritu y el intento de las oraciones es idéntico –a saber, realizar un completo *compromiso* con Cristo en la medida que uno está consciente.

En un sentido estricto podemos decir que una persona no puede consagrarse a sí misma a Dios hasta que no llega a ser hijo de Dios, por la sencilla razón que no tiene nada que dar sino únicamente una vida pecaminosa. Sólo una persona redimida puede consagrarse.

Pero uno no puede regatear con Dios. Pedirle perdón de pecados y el alivio de quitar la condenación y la culpa, mientras que al mismo tiempo, retiene conscientemente la entrega del yo a Dios, esto sería la máxima presunción. Es ridículo pedirle a Cristo ser nuestra salvador pero no ser nuestro Señor.

Es imposible orar con integridad por conversión y deliberadamente retener talentos, ambiciones y planes –hasta algún futuro, pero desconocido, momento. Este tipo de oración no logrará nada. Dios requiere todo lo que somos, todo aquello que somos capaces de dar, en un momento determinado. Cristo será Señor de *toda* nuestra vida –lo poco o mucho que seamos, dependiendo de la luz que poseamos– o no será Señor en absoluto.

3. El Espíritu guiará al creyente

La entera santificación por lo tanto no es opcional, sino un imperativo divino para todos los que han sido hechos conscientes de su necesidad por la purificación que emana de las fuentes de su vida.

Como el hijo de Dios camina en obediencia el Espíritu le mostrará la profunda propensión a consentir su propio ego, lo que demanda una circuncisión radical y una completa limpieza del corazón. Pero al ser traído, cara a cara consigo mismo en una manera nueva y más profunda, el creyente obediente

123

voluntariamente se somete a esta cirugía de corazón –de manera que si antes estaba "inclinado internamente" hacia sí mismo (para usar una frase de Lutero), ahora se halla "inclinado externamente" hacia Dios y el prójimo. Esto sucede en el momento de la entera santificación.

Algunas preguntas cruciales

Todos los cristianos evangélicos reconocen que la Biblia enseña la santidad o santificación, y que trae a la vida del creyente libertad del pecado por medio de los méritos de la muerte de Cristo. Pero existe un gran desacuerdo, sin embargo, en relación al significado de libertad del pecado y cuándo sucede, en realidad, en la vida del creyente. El Dr. Wiley menciona los cuatro puntos de vista más comunes:

a. que la santidad es simultánea y completa en la misma regeneración.

b. que la santidad es un asunto de crecimiento espiritual a partir de la regeneración y se desarrolla hasta la muerte física.

c. que el hombre es hecho santo en el momento de la muerte.

d. que "la santidad comienza en la regeneración, pero es completada en una obra instantánea del Espíritu Santo subsecuente a la regeneración".[6]

El primer punto de vista lo rechazamos porque es contrario a la experiencia cristiana universal. Las personas regeneradas de toda edad han reconocido los antagonismos al amor divino descubierto en ellos bajo la iluminación del Espíritu Santo. Los creyentes han estado tan poderosamente conscientes de las perversas tendencias de sus propias naturalezas que muchos concluyeron que no puede haber liberación hasta la muerte o, tal vez, por medio de los fuegos del purgatorio.

El Dr. Daniel Steele observó que estas personas o estaban equivocadas al considerarse a sí mismos regenerados; o todos ellos retrocedieron; o en realidad fueron regenerados mientras aún luchan con las demandas de su ego pecaminoso. Las primeras alternativas demandan un gran esfuerzo de credibilidad, dejando la última como la única posición razonable. Además, el punto de vista que afirma que la santidad se completa en la conversión contradice el credo de todas las ramas ortodoxas de la iglesia universal.[7] La experiencia cristiana también falla en confirmar los puntos de vista de que la santidad se alcanza por crecimiento o en la muerte. Nadie confirmó haber crecido hasta alcanzar un estado espiritual de completa liberación de la tiranía de un ego pecaminoso. Tampoco existe base en las Escrituras para estos puntos de vista.

Nosotros creemos que santidad comienza en la regeneración, continúa por una posterior obra instantánea de limpieza del corazón (entera santificación) realizada por el Espíritu Santo luego de la regeneración y progresa a través de toda la vida del creyente hasta la glorificación. El Dr. W. B. Godbey dijo en cierta ocasión: "La entera santificación es aquella obra a la que nos acercamos gradualmente, entramos *repentinamente* y progresamos indefinidamente".[8] Esta posición, la posición wesleyana, creemos que es la que sostienen las Escrituras, la razón y la experiencia.

En cada edad existieron los que enseñaron y predicaron esta gloriosa doctrina. El Dr. Vincent Taylor, destacado profesor de Nuevo Testamento, dijo: "Más allá de toda duda, el Nuevo Testamento enseña la absoluta necesidad de perfección espiritual y ética".[9] Juan Wesley la describió como un compromiso de amor que expulsa el pecado.

Para ser justos debemos reconocer que hay una gran variedad de opiniones con respecto a la *entera* santificación. Con las Escrituras como nuestra guía, tratemos tan francamente como seamos capaces con las preguntas que rodean estas enseñanzas.

A. ¿Enseñan las Escrituras una segunda crisis?

Cuando hablamos de "crisis", debemos recordar (ver Parte I) que no nos referimos a una "emergencia" en la vida del creyente. Más bien, preguntamos, ¿Hay un "momento definitivo" en el camino del creyente en el que uno llega a la purificación de todo pecado? ¡Nosotros creemos que lo hay!

Los defensores de la posición wesleyana citan numerosas escrituras para hacer evidente esa segunda experiencia cristiana. Sin embargo, no todas son igualmente conclusivas. Señalaremos las más débiles primero.

1. Evidencia por inferencia

a. Los discípulos que fueron llenos con el Espíritu Santo en Pentecostés (Hechos 2) fueron llamados "del mundo", han sido guardados por Cristo, fueron obedientes a la Palabra de Dios y Cristo fue glorificado en ellos (Juan 17). Ellos fueron comisionados por Jesús (Marcos 6:7) y Él les dijo, "regocijaos de que vuestros [sus] nombres están escritos en los cielos" (Lucas 10:20).

b. El relato del avivamiento samaritano ocasionado por la predicación de Felipe indica que los samaritanos creyeron, recibieron la Palabra de Dios y fueron bautizados. Luego desde

Jerusalén se envió a Pedro y Juan y ellos recibieron el Espíritu Santo (Hechos 8:15-17).

c. Saulo de Tarso se convirtió en el camino a Damasco, luego Ananías lo reconoce con el saludo cristiano y lo llama "hermano", luego de lo cual Ananías puso sus manos sobre él para que sea "lleno del Espíritu Santo" (Hechos 9:17).

d. Cornelio se describe como un "hombre devoto" que temía a Dios, daba limosnas a la gente, y "oraba a Dios siempre". Pedro es enviado e impone las manos sobre él y sobre los miembros de su familia y los acompañantes de Pedro quedan "atónitos de que también sobre los gentiles se derramase el don del Espíritu Santo" (Hechos 10:45).

e. Los discípulos de Éfeso fueron instruidos por la elocuente predicación de Apolos, a quien Aquila y Priscila "Le expusieron con más exactitud el camino del Señor". Él fue a Corinto. Pablo, más tarde llegó a Éfeso y preguntó a los discípulos: "¿Recibisteis el Espíritu Santo cuando creísteis?" Al oír la respuesta negativa, Pablo puso sus manos sobre ellos y "vino sobre ellos el Espíritu Santo" (Hechos 18:24–19:6).

Admitimos que el énfasis en una segunda obra, usando estos pasajes como base, puede ser cuestionado. Con frecuencia se señala que las personas que sólo conocieron el bautismo de Juan no fueron genuinamente convertidos a Cristo en un sentido total; y, por esta razón, la recepción del Espíritu Santo era, en realidad, la conversión. También se reclama que estos casos son únicos e ilustran la inauguración de una nueva edad o dispensación.

Aunque parece estar presente algún tipo de obra secundaria, sería poco sabio construir una doctrina de estos pasajes cuando existen otros más fuertes y defendibles a disposición. "¡Un buen general defiende con todos los recursos disponibles!"

2. Evidencia escritural explícita

a. Pablo dirige la primera carta a los corintios "a la iglesia de Dios que está en Corinto, a los santificados en Cristo Jesús, llamados a ser santos" (1:2). El apóstol dio gracias que el testimonio de Cristo en ellos fue "confirmado entre vosotros, de tal manera que nada os falta en ningún don". Aun así, necesitó referirse a ellos como "carnales, como a niños en Cristo" (3:1 ff.). El clímax de esta carta llega cuando él les muestra el "camino aun más excelente" (12:31 ff.), a saber, el camino del amor divino.

b. Juan el Bautista pareció indicar la existencia de una segunda obra de gracia al señalar el llameante bautismo de Jesús con el Espíritu Santo. "Él os bautizará en Espíritu Santo y fuego. Su aventador está en su mano, y limpiará su era; y recogerá su trigo en el granero, y quemará la paja en fuego que nunca se apagará" (Mateo 3:11b-12).

H. Orton Wiley observó que el bautismo con el Espíritu Santo llevaría a cabo una limpieza interna y espiritual que iba más allá de lo realizado por medio de Juan. Lo que Juan predicaba era la remisión de pecados; el bautismo con el Espíritu Santo removería el pecado. La separación que acompaña el bautismo de Jesús con el Espíritu Santo no es la separación entre el trigo y la cizaña, que simbolizan al impío y al regenerado, sino entre el trigo y la paja, o lo que le pertenece por naturaleza. Primero, se debe almacenar el trigo para preservarlo; luego el fuego consumirá la paja.[10]

c. Pablo, en 2 Corintios 7:1, exhortó a los "amados" a limpiarse "de toda contaminación de carne y de espíritu, perfeccionando la santidad en el temor de Dios". El significado es que la santidad inicial o limpieza de culpa y depravación "adquirida", esta depravación resulta de los pecados cometidos, es ser limpiado de una sola vez del pecado en el ser interior.

d. Defensores de la doctrina de la entera santificación con frecuencia notan el uso del tiempo aoristo en el griego, que denota un acto completo e instantáneo sin referencia a tiempo, en contraste con el tiempo presente que denota una acción continua.[11] Se pueden citar los siguientes ejemplos en pasajes que son dirigidos a creyentes y referidos a la entera santificación o limpieza:

(1) Romanos 12:1-2: "Así que, hermanos, os ruego por las misericordias de Dios, que presentéis (aoristo –un acto único que no necesita que se repita) vuestros cuerpos en sacrificio vivo, santo (indica su santificación inicial), agradable (sugiere su justificación) a Dios" como una condición para ser "transformados".[12]

(2) Romanos 13:14: "Vestíos (aoristo –un acto único y definitivo) del Señor Jesucristo, y no proveáis (esto significa dejen de hacerlo) para los deseos de la carne".

(3) 2 Corintios 1:21-22: "Y el que nos confirma con vosotros en Cristo, y el que nos ungió (aoristo, una obra única y definitiva), es Dios, el cual también nos ha sellado (aoristo) y nos ha dado (aoristo –nos ha dado, un acto único y definitivo), las arras del Espíritu en nuestros corazones".

(4) Efesios 1:13: "En él también vosotros, habiendo oído la palabra de verdad, el evangelio de vuestra salvación, y habiendo creído (aoristo) en él, fuisteis sellados (aoristo) con el Espíritu Santo de la promesa".

(5) 1 Tesalonicenses 5:23: "Y el mismo Dios de paz os santifi-que (aoristo) por *completo*; y todo vuestro ser, espíritu, alma y cuerpo, sea guardado irreprensible para (en preparación para) la venida de nuestro Señor Jesucristo".

(6) Romanos 6:13: "Presentaos (aoristo –en un acto) voso-tros mismos a Dios como vivos de entre los muertos, y vuestros miembros a Dios como instrumentos de justicia". Cuando es acompañado de fe, este acto de presentar a Dios el último ves-tigio del ego, hace posible la santificación plena de nuestro ser por el Espíritu Santo.

Ser vaciado de uno mismo hace posible la llenura del Espí-ritu Santo. "Ser 'lleno' del Espíritu no significa recibir *más* de Dios, sino darle a Él *todo nuestro ser*".[13]

Si uno mirara con mente y corazón abiertos a las Escrituras, particularmente las epístolas de Pablo, encontrará evidencia de que la entera santificación es una segunda obra de gracia en la experiencia cristiana. No somos sectarios en esto. Otros, fuera de nuestra círculo vieron lo mismo. Por ejemplo, el obispo católico Fulton J. Sheen, en su sermón "La Psicología de la Conversión", dijo que hay una crisis moral en el alma "cuando hay una toma de conciencia del pecado y su culpa... algo como la experiencia interna de *una relación rota*" con Dios. Luego hay una crisis espiritual en,

> *"aquellos que han estado buscando la perfección pero aún no poseen la plenitud de la fe... Hasta este momento de crisis, estas personas vivieron en la superficie de sus almas. La tensión se profundiza al momento de comprender que tienen raíces, como una planta, que necesitan una mayor profundidad espiritual, y ramas con el propósito de alcanzar comunión con los cielos de*

arriba. El creciente sentido de insatisfacción con su propia mediocridad es acompañado por un apetito apasionado de entrega, sacrificio y abandono a la santa voluntad de Dios... Ellos tienen el deseo; sólo necesitan el coraje con el cual pasar la crisis en la que, por medio... de la entrega total, ellos se encontrarán a sí mismos victoriosos en la cautividad de la divinidad".[14]

¿Podría hallarse una declaración más clara entre los más firmes defensores de la santidad?

3. La sustancia precede a la circunstancia

Con frecuencia surge la pregunta, si alguien fue enteramente santificado y más tarde regresa a la vida de pecado, ¿debe, otra vez, pasar por las separadas etapas del nuevo nacimiento y la entera santificación? En la lógica estos son pasos diferentes y, normalmente, separados por algún intervalo de tiempo. Pero, en la práctica actual no se necesita un apreciable espacio de tiempo. Las etapas son simples niveles de toma de conciencia de la necesidad y, donde la necesidad es reconocida y las condiciones cumplidas, la gracia de Dios es suficiente. John Fletcher observó que a pesar de que la "santificación no es generalmente el trabajo de un día, ni de un año", Dios puede "realizar de inmediato su obra de justicia".[15]

A fin de contestar afirmativamente la pregunta, ¿Es la entera santificación una segunda crisis?, citamos la evidencia bíblica, la cual se confirma por la experiencia cristiana normal.

Sin embargo, sería sabio observar la distinción de la enseñanza de Wesley entre "sustancia" y "circunstancia".

La primera tiene que ver con la verdad misma; la última, con la forma en que la verdad se vuelve realidad en la vida del creyente. "[Nosotros] todos estamos de acuerdo", escribió él, "que debemos ser salvos de todo pecado antes de la muerte. La sustancia, entonces, se afirma, o aclara".[16] La forma en que Dios lo realiza es secundaria.

La pregunta más importante es: ¿Me he rendido a Dios al punto de poder ser controlado por Él? ¿Abandoné la soberanía de mi propio ser y fui limpiado y lleno con la presencia del Espíritu Santo que more en mi?

> *Fuego que refina, entró en mi corazón;*
> *Iluminó mi alma;*
> *Esparció tu vida en ella,*
> *Y me santificó por completo.*
>
> *– Charles Wesley*

B. ¿Se puede eliminar la depravación o egocentrismo?

Debemos mantener en mente que "pecado original", algunas veces llamado "depravación heredada", no es una sustancia o entidad física. Es un espíritu de egoísmo, una anarquía o rebelión contra Dios. Pablo se refiere a esto como "el pecado" (Romanos 5–8).

1. El pecado original es como egoísmo organizado

Este "pecado interno" es algo organizado como un "complejo" —esto es, "los instintos organizados en forma de un sistema que provee un conjunto de reacciones a objetos o experiencias presentadas por el ambiente. Causa el desagrado de la porción dominante de la personalidad y es, por lo tanto, reprimido... tanto como sea posible". Bajo la influencia de este pecado interno "la vida instintiva se organiza para promover la voluntad del yo en oposición a la soberanía de Dios y el Señorío de Cristo" (ver Romanos 8:7).

En una persona no regenerada, sólo de manera ocasional, el verdadero yo –incitado por la conciencia– intenta resistir la influencia del pecado interior. Cuando finalmente la persona es regenerada, el Espíritu de Dios dispone el espíritu del hombre y la voluntad busca traer toda la personalidad en sumisión a Dios. Pero la voluntad es confrontada con este complejo –el sistema de "egoísmo"– que controla la vida instintiva. Este sistema puede ser suprimido por la voluntad regenerada, pero en tiempos de tentación puede levantarse en rebelión. El resultado es un conflicto interno –el ser dividido y en lucha consigo mismo.

En la entera santificación este sistema "egoísta" (complejo) se rompe y el conflicto se resuelve. La vida instintiva aún debe ser disciplinada, pero esto ahora se puede lograr sin la anterior resistencia interna organizada.[17]

2. *Las palabras del Nuevo Testamento*

Es significativo observar que mientras el lenguaje griego tiene muchas palabras que significan "supresión" –"oprimir", "controlar", "estrangular", "sofocar", "subyugar", y así sucesivamente–, ninguna se usa para referirse al pecado. Más bien, los escritores bíblicos usaron palabras fuertes y decisivas como "purgar", "purificar", "remover escoria", "eliminar", "anular", "abolir", "poner fin a", "disolver", "fundir", "crucificar", "romper", "sacar", "mortificar", "matar", "extinguir".

3. *La muerte del pecado*

El apóstol Pablo escribe, en esta epístola a los romanos: "sabiendo esto, que nuestro viejo hombre fue crucificado juntamente con él, para que el cuerpo del pecado sea destruido, a fin de que no sirvamos más al pecado" (6:6). La crucifixión a la luz de la costumbre romana podía significar sólo una cosa –muerte. Sobre la cruz de la vergüenza nuestro viejo hombre fue crucificado junto con Cristo. Esta muerte *provisional* se hace realidad en nuestra vida por medio de la fe. Por fe, morimos con Cristo, cuya muerte se transforma en nuestra muerte, haciéndonos libres de la tiranía del pecado. Así llegamos a estar "muertos al pecado" (v. 11).

El escritor de la carta a los colosenses deja poco espacio para algún malentendido: "En él también fuisteis circuncidados con circuncisión no hecha a mano, al echar de vosotros el cuerpo pecaminoso carnal, en la circuncisión de Cristo" (2:11). Si no es la destrucción del pecado, ¿puede ser algún otro el propósito? El rito de la circuncisión posee una sola implicación –separación y mortificación. Esta circuncisión del corazón, esta remoción del cuerpo del pecado de la carne, se logra "sin manos", esto es, por un acto sobrenatural de Dios.

¡Sí! Las Escrituras enseñan que por medio del poderoso acto de Dios en Cristo le fue asestado un golpe mortal a la depravación o al egocentrismo. ¡Sería una verdadera irreverencia limitar la naturaleza o el poder de Dios!

C. ¿Qué sucede con la parte restante de la humanidad? ¿El yo?

Se dice con frecuencia que cuando uno recibe un corazón santo, el yo es destruido. Sin embargo, una adecuada consideración psicológica de nuestro ser demuestra la importancia y la necesidad del yo. Destruir el yo sería destruir a la persona misma; como la voluntad, es esencial a la individualidad humana.

1. La crucifixión del yo pecaminoso

La terminología es inadecuada, pero el punto que se intenta señalar es bíblico y correcto. El yo que es pecaminoso y autosuficiente, que busca hallar la aceptación de Dios por medio de su propio esfuerzo, el yo que desea servir a Dios pero en su propio tiempo y manera —este es el yo que debe ser destruido y al cual Pablo se refiere cuando dice: "Con Cristo estoy juntamente crucificado" (Gálatas 2:20). Este yo pecaminoso, egoísta, debe ser limpiado, renovado y depurado por el bautismo con el Espíritu Santo.

Desafortunadamente, el pecado ciega a las personas de su necesidad de crucificar este yo pecador. Sólo cuando esto ocurre y el amor divino llena el corazón podemos amar a Dios "supremamente", a otros "sacrificialmente" y, a nosotros mismos "desinteresadamente".

2. El desarrollo del verdadero yo

Kierkegaard, el filósofo sueco del siglo XIX, en cierta ocasión señaló: "Ningún hombre necesita que se le diga que perdió a su esposa, un miembro de su cuerpo, o una fortuna; pero qué tan pocos hombres parecen reconocer la pérdida del [verdadero] yo".

La entera santificación, propiamente entendida, no es la destrucción del yo, sino el descubrimiento, la liberación y la capacitación del yo verdadero por el Espíritu Santo. La vida de santidad es el desarrollo continuo de este yo de acuerdo con el deseo y la voluntad de Dios.

Aunque se puede capturar la voluntad de una persona, no significa que la misma fue "rota", o "quebrantada". Uno vive como un siervo dispuesto, cautivado por un Maestro que gobierna por amor. El verdadero yo, en una relación apropiada con Dios, no vive en esclavitud, con el miedo de un siervo. Más bien, se deleita en la ley del Señor, la cual está escrita en su corazón (Salmos 1:2; Jeremías 31:33).

Se cuenta la historia de un rey que quería hacer algo en honor de uno de sus súbditos. Él le prometió su hija en matrimonio, un hogar en el palacio, y comidas en la mesa del rey. Pero el súbdito rechazó el ofrecimiento, diciendo que se sentiría incómodo ante la presencia del rey.

Cuando el yo se halla a sí mismo en Dios, ya no se siente incómodo en su presencia. Cuando el corazón es hecho santo, entonces emerge el verdadero yo, que se goza en la presencia de Dios. "En esto se ha perfeccionado el amor en nosotros, para que tengamos confianza en el día del juicio" (1 Juan 4:17a).

3. La disciplina del yo

El creyente enteramente santificado continuará teniendo sus instintos básicos e impulsos que son parte de su humanidad. Estos están claramente relacionados a los sentimientos de la vida, como amor y odio, deseo de adquirir o poseer y orgullo, piedad y patriotismo. Estos impulsos fueron sido pervertidos por el pecado. "Tener hambre no es pecado, pero la glotonería y la intemperancia lo son. El sexo [dentro de los límites divinos] no es pecado, pero la falta de castidad y el adulterio lo son. El deseo de poseer algo no es pecado, pero la avaricia, el robo y la deshonestidad, lo son. Poseer un espíritu combativo no es pecado, pero asaltar y matar lo son. Autoprotegerse, aún amarse a sí mismo, no es pecado, pero la vanidad y la petulancia lo son".[18] La tentación no es pecado —pero ceder ante lo que Dios prohíbe, lo es.

¿Cuándo llegan a ser pecaminosos los instintos humanos?

No llegan a serlo hasta que la voluntad de la persona se adueña de ellos. Si uno alberga la tentación, permite los excesos de la imaginación, alimenta y disfruta los malos pensamientos –en ese momento un pensamiento malo llega a ser pecado. Dondequiera que la voluntad sea capturada, es pecado –aún, cuando los deseos no se transformen en un delito. Este es el sentido de la enseñanza de Jesús, que alguien puede ser culpable de asesinato o adulterio cuando es controlado por odio o deseos desenfrenados (Mateo 5:21-22, 27-28). Pero si uno rehúsa rendir la voluntad, el impulso pugna sin éxito contra la condición moral de la persona.

¿Implica disciplinar los instintos una lucha interna? En un sentido, toda tentación implica una prueba interna porque hay una atracción de la mente por medio de los sentidos. Pero esto no es, necesariamente, una discordia en relación a la lealtad y fidelidad fundamental. Toda resistencia organizada ha cesado. El yo por completo fue sometido a la dirección de Dios.[19]

El cuerpo debe ser disciplinado por la capacitadora presencia del Espíritu Santo. "El fruto del Espíritu es... templanza (autocontrol)" (Gálatas 5:22-23). Existe una "supresión", propiamente entendida, en la vida del cristiano. Pablo lo expresó claramente: "Más bien, golpeo mi cuerpo y lo domino, no sea que, después de haber predicado a otros, yo mismo quede descalificado" (1 Corintios 9:27, NVI).

"Hay un yo pecaminoso que debe ser crucificado con Cristo; un verdadero yo que debe ser renovado en Cristo; y un yo humano que debe ser disciplinado por Cristo" (atribuido a J. O. McClurkan).

D. ¿Ocurren fallas en la vida del creyente enteramente santificado?

¡Sí! Muchos viven vidas frustradas y derrotadas porque creen que las fallas son inconsistentes con el hecho de ser enteramente santificado. Otros cubren sus fallas aliviando sus conciencias al punto de vivir en el engaño y la hipocresía.

1. Las fallas también necesitan perdón

Porque el cuerpo del hombre fue afectado por la caída, en ocasiones él "piensa, habla, o actúa mal; no verdaderamente por un defecto de amor, sino por causa de un defecto de conocimiento".[20] La precisión de esta observación de Juan Wesley es confirmada por la experiencia. Por medio de la palabra hablada o por alguna oportunidad perdida para servir a otro, los mejores seguidores de Cristo ocasionalmente fallan.

Por estas fallas necesitamos la expiación de Cristo y debemos procurar el perdón. Si lastimamos a otros, debemos ir y enmendar de la manera que Jesús nos enseñó (Mateo 5:23-24). No debemos anticipar nuestras observaciones con la frase, "Si te lastimé..." Más bien, debemos reconocer abiertamente nuestra falla y pedir perdón.

2. Una marca de madurez cristiana

Wesley escribió: "Si usted, alguna vez, pensó, habló o actuó mal, no tenga dudas en reconocerlo. Ni sueñe que la [confesión] de esa falla afectará la causa de Dios; no, la ayudará a avanzar. Sea abierto y franco... no trate de evadir o disimular [su falla]; más bien déjela aparecer tal cual es, con lo cual no afectará, sino adornará, el evangelio".[21]

Un creyente que sigue de cerca a Cristo, progresando en su semejanza a Él, reconocerá, identificará y confesará sus fallas, a la vez que no tendrá en cuenta las fallas de otros (Santiago 5:16). ¡La madurez espiritual de un creyente puede ser medida por el tiempo que permite que transcurra entre la toma de conciencia de su falla y la toma de estos pasos![22] Este creyente confiará en el Señor para recibir perdón y limpieza, y continuará en obediencia y comunión ininterrumpida con Dios.

La vida de santidad, en cada etapa, es una vida "momento a momento". El hombre santificado sabe que fue elevado a un nuevo nivel de vida espiritual (ver Romanos 8:2, 9; Gálatas 2:20). Él no necesita caer –tampoco debe planear fallar– pero si ocurre una caída, tiene "un intercesor, a Jesucristo, el Justo. Él es el sacrificio por el perdón de nuestros pecados, y no sólo por los nuestros sino por los de todo el mundo" (1 Juan 2:1-2, NVI). La meta continua de su vida será la gloria de Dios, y estará capacitado para continuar "a la meta, al premio del supremo llamamiento de Dios en Cristo Jesús" (Filipenses 3:14).

Conclusión

Analizamos algunos de los malentendidos más comunes y preguntas cruciales en relación a la entera santificación y la vida de santidad. Pero, la pregunta más básica de todas es, ¿en qué dirección viajo espiritualmente? ¿Soy obediente a la luz que tengo? ¿Entregué a Cristo todo lo que soy en este momento? ¿Tengo la seguridad interior de ser plenamente aceptado por Dios? ¿Muestra mi vida el fruto del Espíritu?

O, más bien ¿me defiendo y protejo a mí mismo de Dios? ¿Le impido a Dios que obre en mi vida?

Limpieza, pureza y poder para la vida y el servicio, compañerismo y amor por Dios y para el prójimo se obtienen sólo como condición de penitencia, plena consagración y certeza de fe. Permitamos que todo nuestro ser esté comprometido con Cristo y oremos:

¡Cumple tu voluntad, Señor! ¡Cumple tu voluntad!
Quita toda duda de mi ser!
¡Lléname con tu Espíritu hasta que todos vean
Sólo a Cristo, viviendo siempre en mí!

— Adelaide A. Pollard

8

La aventura de una vida santa

"La santidad auténtica tiene amor como su esencia, humildad como vestimenta, hacer el bien a otros como empleo y honrar a Dios como fin último".

– Emmons

¡Un nuevo pacto! ¡Restauración de la imagen divina! ¡Estos dos temas corren como hilos centrales a través de toda la Biblia para describir la relación del hombre con Dios, cómo ésta debe ser y cómo puede ser! El apóstol Pablo los entreteje de manera hermosa en 2 Corintios 3. Allí muestra la superioridad del nuevo pacto sobre el antiguo dado a Moisés en el Sinaí.

Como mediador del antiguo pacto, se le dio a Moisés la posibilidad de tener comunión directa con el Señor, tan radiante que debía cubrir su rostro para esconder la gloria de Dios. Pero, esta experiencia fue temporal y disponible sólo para un grupo escogido de personas dignas en el Antiguo Testamento.

Ahora, en Cristo, hay un mejor pacto; Cristo es el Mediador y, ahora, la transformación a su imagen es universalmente posible para todos. Por esto Pablo afirma: "Por tanto, nosotros todos, mirando a cara descubierta como en un espejo la gloria del Señor, somos transformados de gloria en gloria en la misma imagen, como por el Espíritu del Señor" (v. 18).

1. No existe una élite espiritual

Esta directa comunión con Cristo y la continua transformación a su imagen es para todos los hijos de Dios. ¡Todos nosotros! La Nueva Versión Internacional traduce el v. 18 de la siguiente manera: "Así, todos nosotros, que con el rostro descubierto reflejamos como en un espejo la gloria del Señor, *somos transformados* [metamorphoumetha] a su semejanza con más y más gloria por la acción del Señor, que es el Espíritu".

Pablo expresa la misma idea en su carta a los creyentes romanos: "transformaos [metamorphousthe, tiempo presente continuo] por medio de la renovación de vuestro entendimiento" (12:2). También se usa una forma de la misma palabra (metemorphothe) para describir la transfiguración de nuestro Señor, cuando su semblante "resplandeció... como el sol" (Mateo 17:2; Marcos 9:2).

El plan de Dios es que sus hijos cambien continuamente (metamorphoseo) a semejanza de Cristo. En el Nuevo Testamento cada cristiano es una persona santa que refleja el resplandor de su Señor. La vida santa caracteriza a todos los creyentes y no meramente a una élite espiritual en la iglesia. El diseño de Dios de un pueblo santo no es un llamado a súper santos, sino un don para todos los discípulos que confían.

2. El alcance de la gracia de Dios

Hemos visto que Dios aplica su santidad en el hombre progresivamente o en etapas sucesivas. H. Orton Wiley, deán de los teólogos nazarenos, observó: "Cada una de estas etapas está marcada por un *acercamiento* gradual y una consumación *instantánea* en experiencia, y las etapas juntas señalan el alcance *total* de la gracia santificadora. De esta manera, 'en su administración de la gracia santificadora el Espíritu Santo procede en grados'".[1]

Juan Wesley reconoció estas etapas en la vida del creyente al distinguir el hombre "natural", el hombre "consciente" y el hombre "evangélico". El hombre aún no despierto "no tiene miedo ni amor"; el hombre bajo convicción "tiene temor pero no tiene amor"; el convertido "tiene temor y tiene amor" y el enteramente santificado tiene "amor sin miedo".[2]

Porque santificación y santidad están presentes en toda la vida cristiana, y porque existen momentos de compromiso y fe, distintos e identificables, mencionemos, conversión y entera santificación, se dice con frecuencia que santificación es ambas cosas, una crisis y un proceso. El obispo Moule ha afirmado: "Es una crisis a la que le sigue un proceso".

Convertirse a Cristo es ubicarse en la ruta hacia la perfección espiritual y moral, hacia una vida de santidad. En este proceso de vida, hay un momento decisivo posible que brinda al creyente completa liberación de todo pecado y entera devoción a la voluntad de Dios. Conocemos esta crisis como "entera santificación".

La conversión remueve la culpa del hombre por medio del perdón; vence la alienación experimentada por el hombre por medio de la aceptación y adopción en la familia de Dios; destruye la muerte del hombre con el nacimiento y la nueva vida (regeneración). La entera santificación limpia al hombre de la polución fundamental del pecado –el pecado en estado embrionario, el ser del pecado, la fuente y la condición del pecado– y afecta la coherencia e integridad del ser.

En este capítulo final, consideraremos varias afirmaciones menores y elementales que deben iluminar nuestro entendimiento de la entera santificación y ayudará a mejorar nuestra vida aventura de vivir en santidad.[3]

La esencia de la entera santificación es la semejanza a Cristo en amor

Existen muchas maneras de describir la entera santificación. El psicólogo habla de ella como "amor"; el profeta como "justicia"; el sacerdote como "santidad"; el filósofo como "perfección". Cada uno de estos términos tiene apoyo bíblico. Aún así, el término personal "amor" parece ser el más adecuado, los demás términos sirven como modificadores. Por lo que, tal vez, deberíamos hablar de la justicia del amor, la santidad del amor, la perfección del amor.

El amor que exhibe la persona santificada no es una mera emoción o sentimiento, es la voluntad activa por el bienestar de otros. Es el estilo de amor de Dios (ágape) "derramado en nuestros corazones" (Romanos 5:5), "que produce amor por la humanidad... que expulsa el amor al estilo del mundo, el amor [pecaminoso] al placer, a la comodidad, al honor propio, al dinero, junto con orgullo, ira, egocentrismo y todos los demás aspectos que acompañan al mal temperamento; en una palabra, cambiar la mente maligna, terrenal y sensual por 'la mente de Cristo'". La entera santificación es "amor que excluye el pecado; amor que llena el corazón, que expresa la máxima capacidad el alma".[4]

A. La perfección de amor

La entera santificación es conocida algunas veces por el término "perfección cristiana". Existe un gran malentendido en relación al término "perfección". Pero, es una palabra bíblica. Pablo afirmaba que la meta del discipulado es "presentar perfecto en Cristo Jesús a todo hombre" (Colosenses 1:28). Él indicó que había hallado un tipo de perfección –perfección realizada, a la vez que procuraba alcanzar otro tipo, perfección de la resurrección (Filipenses 3:15, 12). En el Sermón del Monte, Jesús ordenó a sus seguidores que fueran "perfectos", como su Padre celestial es perfecto (Mateo 5:48).

La palabra "perfecto" se usa aproximadamente 138 veces en las Escrituras, incluyendo unas 50 veces con referencia al carácter humano. Significa realizar, ejecutar, hacer real, o llevar a la práctica. La palabra griega para "perfecto" (teleios) sugiere la idea de conseguir un objetivo o alcanzar una meta. Se dice que algo es perfecto cuando funciona de la manera en que fue diseñado para funcionar.

La meta o perfección que Dios tuvo en meta para el hombre es santidad, una perfección en amor. No nos exige Jesús ser perfecto en amor como (eficacia) nuestro Padre Celestial, sino ser perfecto en amor de la misma manera (intención) que nuestro Padre Celestial. La entera santificación o perfección cristiana es, como lo definió Wesley, "amar a Dios con todo nuestro corazón, mente, alma y fuerzas". Continúa diciendo Wesley, "Esto implica, que no mal temperamento, nada contrario al amor, permanece en el alma, y que todos los pensamientos, palabras y acciones están gobernadas por amor puro".[5]

Cada deseo está sujeto en obediencia a Cristo. La voluntad se halla sujeta enteramente a la voluntad de Dios y nuestros afectos están completamente sometidos a Él.

La perfección cristiana no es perfección de conocimiento o ser libres de ignorancia, errores y juicios equivocados. A la vez que es libertad de malos pensamientos (en los cuales uno alimenta la imaginación y disfruta el pensamiento), no es una clase de libertad que evite que pasen por la mente pensamientos *acerca* del mal. Tampoco es libertad de la tentación o enfermedades.

En la entera santificación, las emociones y deseos humanos normales no son removidos, sino reorientados y purificados. Uno es hecho limpio en deseo y limpio o sin divisiones en su devoción, afecto y lealtad. El creyente es capacitado para "controlar su propio cuerpo" (1 Tesalonicenses 4:4; NVI). No está libre *de* tentaciones, más bien logra vencer en medio de ellas.

Por causa de lo que la entera santificación no es, Wesley se refirió a ella como "perfección cristiana", en lugar de perfección "sin pecado". Pablo manifestó con claridad que Dios no nos llamó a inmundicia, sino por el propósito de santificación o pureza (1 Tesalonicenses 4:7).

B. Ser y llegando a ser

El término griego para "perfecto" posee otro significado. Sugiere llegar a estar completo, alcanzar la máxima estatura o la plena madurez. La perfección en amor alcanzada de forma instantánea, en un momento, continúa siendo un crecimiento progresivo en amor. Así en 1 Tesalonicenses Pablo exhorta a los creyentes a "abundar en amor, más y más" (4:1, 10).

El apóstol transmite la idea de "ser hecho completo" (aunque la palabra en sí es diferente) con este comentario: "orando de noche y de día con gran insistencia, para que veamos vuestro rostro y *completemos* lo que falte a vuestra fe" (3:10). Pablo deseaba "redondear hasta completar" (Versión inglesa

Williams) los defectos o aspectos faltantes de su fe (Versión inglesa Alford). La palabra utilizada aquí (*katartisai*) algunas veces se empleaba para describir el remiendo de las redes de pesca, sugiriendo una vida de disciplina y entrenamiento para el servicio.

El cristiano debe crecer continuamente, permitiendo que el Señor lo remiende o lo moldee hasta hacerlo un instrumento efectivo en sus manos.

Soy una persona que Dios está haciendo,
Como una estatua que Dios está moldeando;
Dios me está cambiando y corrigiendo;
¡Dios me está perfeccionando!

La perfección cristiana no es un carácter acabado, o terminado. Es un compromiso de "llegar a ser" lo que Dios quiere hacer de nosotros.

C. La perfección es un espíritu

Ser perfecto es poseer la mente de Cristo quien "no consideró el ser igual a Dios como cosa a que aferrarse", sino que "tomando forma de siervo", llegó a ser "obediente hasta la muerte, y muerte de cruz" (Filipenses 2:5-8). "El fruto del Espíritu [en nosotros] son las virtudes de Cristo".

Jesús ilustra el significado de perfección en Mateo 5. Allí dice, "a cualquiera que te obligue a llevar carga por una milla, ve con él dos", como significado de servicio; es dar la túnica aun cuando ya la capa ha sido dada; es orar por los enemigos; es volver la otra mejilla. Para el judío la "mejilla derecha" simbolizaba su orgullo personal o ego, y uno de los más grandes insultos era golpear a un judío con la reversa de la mano en la

147

mejilla. Jesús, al requerir a sus discípulos que vuelvan la otra mejilla, estaba diciéndoles que no debían vengarse por causa de su orgullo o ego herido. ¡Esto es perfección!

En forma más simple aún, perfección cristiana es ser semejantes a Cristo, es manifestar el espíritu de Jesús cuando era clavado en la cruz: "Padre, perdónalos, porque no saben lo que hacen" (Lucas 23:34). Es el mismo espíritu de Esteban, quien oraba mientras lo apedreaban: "Señor, no les tomes en cuenta este pecado" (Hechos 7:60).

Por esta razón dijo sabiamente Wesley que si al buscar la perfección cristiana estamos buscando alguna otra cosa que amor, que de manera libre se derrama a sí mismo en servicio de sacrificio y perdón, estamos "apartados de la verdad".

> *¡Ven a mí, ven a mí, Invitado Celestial!*
> *Y no te apartes de mí;*
> *Bebamos juntos de la fuente del amor*
> *Y que la fiesta dure por la eternidad.*
>
> *— Carlos Wesley*

Todo pecado consciente –interno o externo– es desterrado en la entera santificación

En la vida del verdadero cristiano ningún pecado puede ser tolerado. No importa si es un discípulo maduro o un nuevo creyente, no debe haber pecado según el concepto bíblico primario. La salvación significa "liberación" del pecado.

Se dice con frecuencia que en la justificación somos liberados del pecado pasado o de la culpa del pecado; simultáneamente en la regeneración somos liberados del *poder* del pecado; en la entera santificación somos liberados de la *polución* del pecado; y en la glorificación seremos liberados de la *presencia* y efectos del pecado. Pero en cada etapa de la vida santa o cristiana somos liberados y salvados continuamente, momento a momento.

A. La soberanía de la gracia

Para Wesley, la perfección cristiana o entera santificación es otra forma de describir y celebrar la "soberanía de la gracia". Él habló de las etapas de la vida cristiana usando el lenguaje de Juan (1 Juan 2:13-14): "hijitos" (bebés en Cristo), "jóvenes" (aquellos que comenzaron a ser establecidos en la fe y la seguridad de la salvación), y "padres" (aquellos que son perfectos en amor)".

Sin embargo, aún los bebés en Cristo no cometen pecado. El poder y el dominio del pecado, el acto de pecar continuamente, fue roto. Todos los creyentes son "hechos libres del pecado externo". "Aquel que ha nacido de Dios no practica el pecado, pues Aquel que fue engendrado por Dios le guarda y el maligno no lo toca" (1 Juan 5:18). Este creyente no peca "voluntariamente" o "habitualmente". Todo verdadero cristiano "es hecho perfecto al punto de no cometer pecado".

Un cristiano nuevo normalmente experimenta un cambio de tal magnitud que "imaginará que todo el pecado se fue; que está totalmente desarraigado del corazón". El nuevo cristiano deduce, según Wesley, "¡Como no siento el pecado; por lo tanto, no lo tengo más: Como no inquieta; por lo tanto, no existe: como no se mueve; por lo tanto no tiene su ser!" Pero hasta que uno es totalmente santificado, el pecado está "sólo suspendido, no destruido".[6]

B. Crucificado con Cristo

La entera santificación es salvación plena –liberación de la polución o el ser del pecado– de orgullo, obstinación en hacer nuestra voluntad, ira. El cristiano no tendrá duda del favor de Dios, sino que tendrá una "convicción", dada por el Espíritu Santo, "de que el pecado aún *permanece* en el corazón; de... *la mente carnal*, la cual aún *permanece*... aún en quienes han sido regenerados'; a pesar de que ya no *reina*".

A su tiempo el creyente discierne un espíritu de egoísmo o de no semejanza a Cristo –"de manera que ahora estamos avergonzados de nuestras mejores obras de lo que estuvimos por nuestros antiguos pecados". Confesamos nuestra absoluta "incapacidad... nuestra evidente inhabilidad para tener aún un buen pensamiento, o para concebir un buen deseo, o para realizar un buen acto, sólo podremos hacerlo por medio de la gratuita y todopoderosa gracia de Cristo".[7]

La frase de Pablo, "crucificado con Cristo" (Gálatas 2:20), describe la liberación del pecado *interno* y *externo*.

Un creyente enteramente santificado ha "muerto realmente al pecado", a todos los deseos carnales egoístas y a todo lo que es contrario a la voluntad de Dios. Pero, él, "está vivo para Dios", esto demostrado por su amor a Dios y su amor y bondad hacia su prójimo (Romanos 6:11). No sólo disfruta de la limpieza o libertad de pecar y del pecado original, sino que también su voluntad es llevada a una completa devoción a la voluntad de Dios.

Dios no *quebranta* la voluntad del hombre. Más bien, Él *atrapa o atrae* la voluntad del hombre por medio del amor. El creyente enteramente santificado es guardado en amor (1 Tesalonicenses 3:12; 4:9-10). Hay una diferencia evidente entre miedo y amor. El miedo se pregunta, "¿debo hacerlo yo?" El amor desea hacerlo, por lo tanto dice, "¿puedo hacerlo?" Dios pone su ley en nuestro amor –nos identificamos totalmente con su ley, por lo que nos deleitamos en su voluntad. Es por la actividad de Dios en nosotros que Agustín pudo animarse a decir: "Ama a Dios y haz lo que quieras". Él sabía que la persona enteramente santificada hará lo que es bueno tan seguro como que el agua correrá colina abajo.

C. La ofrenda del ser completo

Todos los que son santificados se ofrecen a sí mismos y su servicio como un sacrificio vivo u ofrenda a Dios (Romanos 12:1). No buscan agradar a los hombres para conseguir sus aplausos si algún principio cristiano debe comprometerse. Es a Dios a quien buscan satisfacer, no a los hombres (1 Tesalonicenses 4:1). El mandamiento del Señor es "Anda delante de mí" –no delante del mundo o de los fariseos religiosos– "y sé perfecto" (Génesis 17:1a). Aquellos que pertenecen por completo a Cristo buscan vivir una vida "sin mancha". Ellos saben que no será "sin fallas" (1 Tesalonicenses 3:13).

Fundamentalmente, la culpa es apropiada sólo cuando el motivo es malo. Cuando con algunas acciones no alcanzamos el objetivo deseado, pero que fueron realizadas con intenciones elevadas y puras, son erróneas –pero no pecaminosas– y surgen de las enfermedades de la mente y del cuerpo del hombre. La "inocencia" es ahora posible para el cristiano, y en el último día Cristo nos presentará "sin mancha delante de su gloria con gran alegría" (Judas v. 24).

Consciente de sus actos con fallas, la persona verdaderamente santificada no buscará autojustificarse sino que dependerá de la continua limpieza de la sangre de Cristo. No está a la defensiva sino que es sensible a la dirección y advertencias del Espíritu. A medida que reconoce sus errores, la sangre de Cristo continúa limpiándolo de todo pecado y lo preserva en comunión personal con Dios (1 Juan 1:7).

La vida santa es una vida de continua penitencia y dependencia en Dios. Necesitamos la expiación para nuestras debilidades y errores. Sostener que un corazón enteramente limpio no necesita la expiación de Cristo equivaldría a decir que porque es mediodía no necesitamos el sol. Es el sol que trae la luz del mediodía; y es Cristo quien nos da, momento a momento, libertad del pecado.

D. Objeciones comunes a la perfección cristiana

Ser enteramente santificado no significa que uno "no es capaz de pecar". Es ser capaz de "no pecar". "Si lo somos (enteramente santificados) podremos (vivir sin pecar); si no lo somos no podremos". Algunos suponen que el pecado es algo deseable puesto que nos ayuda a mantenernos humildes. John Fletcher, hombre de confianza de Wesley, ilustró la absurdidad de este razonamiento:

> *"¿Quién tiene más pecado que Satanás? ¿Y quién es más orgulloso? ¿Hizo el pecado humildes a nuestros primeros padres? Si no fue así, ¿por qué hay hermanos que suponen que su naturaleza es afectada para mejorar? ¿Quién fue más humilde que Cristo? ¿Cometió Él pecado para alcanzar su humildad? ¿No vemos a diario que cuanto más pecan los hombres, más orgullosos son?"[8]*

Críticos de la doctrina de la perfección cristiana han hecho numerosas objeciones: la doctrina de la perfección cristiana lleva al orgullo; exalta al creyente a un estado de fariseísmo; llena con presunción y con una actitud de "soy más santo que tú"; deja de lado el arrepentimiento; hace que uno desaire a Cristo y confíe en sí mismo; hace innecesaria la disciplina del cuerpo; hace la oración "Perdona nuestros pecados" superflua.

En relación a estas objeciones observamos que los creyentes que están creciendo tienen una aguda percepción de sus fallas y siempre buscan perdón. Fletcher, a quien Wesley describió como el más santo de los hombres del siglo XVIII y, posiblemente, hasta después del apóstol Pablo, con frecuencia expresaba sus pensamientos más profundos y confesiones a amigos en correspondencia.

A Carlos Wesley le escribía regularmente. Sus peticiones eran, "Oh, Carlos, por favor, ora por mí, para que sea lleno del Espíritu Santo". Poco después, escribía, ahora con gozo: "Oh, Carlos, gózate conmigo. El Consolador ha venido en su plenitud". Pronto volvía a escribir: "Oh, Carlos, ora conmigo para que sea lleno del Espíritu Santo. El Señor me muestra áreas de mi vida que necesitan mejorar". Más tarde: "Oh, Carlos, gózate conmigo, he sido lleno con la plenitud de Dios".

¿Podemos considerar que sus peticiones de ser "lleno con el Espíritu Santo" fueron debidas a que él no era enteramente santifiando? ¡En verdad, no! Significan exactamente lo opuesto. A medida que el Espíritu guiaba a Fletcher y le daba nueva luz, caminaba en esa luz. Crecía y se expandía espiritualmente. Por esto oraba por nueva y fresca llenura del Espíritu. Su experiencia coincide con la amonestación de Pablo: "Sed llenos [tiempo presente continuo] del Espíritu", o, literalmente, "Manténganse siendo llenos del Espíritu" (Efesios 5:18).

El Espíritu Santo, que es dado al creyente en la conversión, revela al hombre la necesidad de una completa limpieza del corazón y la llenura con el Espíritu Santo. Él muestra lo que "falta" (1 Tesalonicenses 3:10) y revela la posibilidad de la entera santificación (Juan 16:8-13; 17:17). Es el Espíritu Santo el que crea el apetito y la sed por esta insondable relación con Dios. Y la promesa de Cristo es: "Bienaventurados los que tienen hambre y sed de justicia, porque ellos serán saciados" (Mateo 5:6).

La entera santificación se recibe por fe y en un instante

En la conversión de Pablo, en el camino a Damasco, el apóstol fue comisionado para ir a los gentiles "para que abras sus ojos, para que se conviertan de las tinieblas a la luz, y de la potestad de Satanás a Dios; para que reciban, *por la fe* que es en mí, perdón de pecados y herencia entre los *santificados*" (Hechos 26:18).

Sin embargo alguien podría interpretar que en lo sucedido con Cornelio, registrado en Hechos 10, es significativo que Pedro, años más tarde recordando la experiencia ante el Concilio de Jerusalén, dijera: "Y Dios, que conoce los corazones, les dio testimonio, dándoles el Espíritu Santo lo mismo que a nosotros; y ninguna diferencia hizo entre nosotros [los discípulos en Pentecostés] y ellos [la casa de Cornelio], purificando por la fe sus corazones" (Hechos 15:8-9).

Probablemente, lo más destacado que pueda afirmarse sobre la entera santificación es que no es una obra humana sino divina. No se obtiene por autodenigración procurada en una total resignación. Ningún aspecto de la salvación es "por obras, para que nadie se gloríe" (Efesios 2:9).

Y cada virtud que poseemos,
Y cada victoria que ganamos,
Y cada pensamiento de santidad
Son sólo Suyos.

– Harriet Auber

A. Fe implica obediencia y consagración

Fe es la única condición requerida, es fe lo que hace posible el compromiso total. La completa consagración de uno mismo, con su sustancia y servicios hacen posible la apropiación de la fe personal que nos lleva a la entera santificación. Esta fe, que se sostiene en la promesa que el "altar [Cristo] santifica la ofrenda" (Mateo 23:19), surge de una completa renuncia a todo aquello conocido que esté en oposición a Dios. Es una consagración a Dios irrevocable y consumada, una muerte a los deseos egoístas.

La fe que trae la bendición es una convicción que Dios ha prometido la santificación en las Escrituras, que Él cumplirá su Palabra, que lo hará de inmediato y de que lo hace. Pero un acto de fe es insuficiente. Es fe de por vida. De la misma manera que uno no puede vivir indefinidamente con una simple bocanada de oxígeno, tampoco puede sostener su vida espiritual por un simple momento de fe.

Esto es consistente con la repetida enseñanza del Nuevo Testamento en donde la palabra "creer" se halla siempre en presente progresivo, indica una continua responsabilidad de parte del creyente en mantener el nuevo "caminar en fe:, que incluye obediencia y amor (cf. Juan 1:7; 3:16-17; 20:3; Hechos 13;39; Romanos 10:10). No hay estado de gracia que no presupone dependencia en Cristo y, por lo tanto, fe en Cristo.

155

B. La fe puede ejercerse en un momento

Puesto que la entera santificación es por fe, se forja en forma *instantánea*.[9] "Ciertamente alguien puede obtenerla *ahora* mismo, si cree que es por fe", escribió Wesley. Trabajo requiere tiempo –la idea de que usted debe *hacer* algo o *ser* alguien. Negar que la entera santificación se recibe por fe, por lo tanto, es una forma de orgullo, de autojustificación. Pretender que uno aún no es lo suficientemente bueno es una sutil forma de autoconfianza.

Pero, dijo Wesley, "Si usted la busca por fe, usted puede esperarla tal cual está y, si es tal cual está, puede esperarla ahora". Existe "una inseparable conexión entre estos puntos –¡esperarla por *fe*; esperarla *tal cual* está; y esperarla *ahora*! Negar uno de ellos equivale a negar todos".[10]

Alguien dijo: "Ningún hombre es santificado hasta que cree. Cada hombre, cuando cree, es santificado". Esta verdad motivó a J. W. Alexander a proclamar: "No puede haber una búsqueda o empresa humana, en la cual haya tan pequeña posibilidad de fallar, como orar por santificación".

La entera santificación provee su propia seguridad

La Biblia enseña, no sólo que el hombre puede ser santo, liberado del pecado, sino que también puede tener la conciencia o seguridad interna de que lo es. Esta doctrina del testimonio del Espíritu brota del carácter de Dios mismo, quien creó al hombre a su propia imagen para tener comunión con él. Una parte de esa imagen incluye la habilidad del hombre, dada por Dios, de responder a Dios, conocer a Dios y ser conocido de Él.

El testimonio del Espíritu no es algo esotérico, emocional o una experiencia mística. Es la comunicación de Dios a la humanidad de que somos "aceptos en el Amado" (Efesios 1:6).

Hay dos versículos a los que siempre se hace referencia en cualquier discusión sobre el testimonio del Espíritu:

Romanos 8:16. "El Espíritu mismo da testimonio a nuestro espíritu, de que somos hijos de Dios". Hebreos 10:14-17. "porque con una sola ofrenda hizo perfectos para siempre a los santificados. Y nos atestigua lo mismo el Espíritu Santo; porque después de haber dicho: Este es el pacto que haré con ellos después de aquellos días, dice el Señor: Pondré mis leyes en sus corazones, y en sus mentes las escribiré", añade: "Y nunca más me acordaré de sus pecados y transgresiones".

Otros pasajes de la Escritura relacionados al testimonio del Espíritu incluyen 1 Corintios 2:12; Gálatas 4:6; 1 Juan 3:24; 4:13; 5:6. Mientras cada uno se sostiene por sí mismo, es bueno recordar que la seguridad del cristiano es un don de Dios, que surge de su misericordia y su bondad amorosa.

A. El testimonio objetivo y el subjetivo.

El testimonio del Espíritu provee una cualidad personal que hace de la vida cristiana una vida de gozo, satisfacción, paz, estabilidad, contentamiento y perseverancia. Las doctrinas gemelas del testimonio del Espíritu y de la entera santificación son enseñanza y predicación distintiva del wesleyanismo.

¿Cómo sabemos que fuimos limpiados de la contaminación interna del pecado? La respuesta de Wesley es bíblica: "Por el testimonio y los frutos del Espíritu". Él hablaba del testimonio "objetivo" que simplemente es la palabra y la promesa de Dios.

157

Por ejemplo, Dios prometió, "Y circuncidará Jehová tu Dios tu corazón, y el corazón de tu descendencia, para que ames a Jehová tu Dios con todo tu corazón y con toda tu alma, a fin de que vivas" (Deuteronomio 30:6).

El testimonio del Espíritu, que asegura que uno es enteramente santificado, es la evidencia y convicción divina de que lo que Dios ha prometido, es capaz de realizarlo y, que además de ser capaz, está dispuesto a hacerlo ahora. Una evidencia y convicción divina de que lo hace, en esa hora se hace.

Luego está el testimonio "subjetivo" del Espíritu. Esto incluye el testimonio directo del Espíritu de Dios a mi espíritu de que Él me aceptó. Esto significa que no hay condenación sino, más bien, bienestar y placer en la presencia de Dios. La otra parte de este testimonio subjetivo, o interno, es el testimonio *indirecto* al espíritu humano. En un sentido es la "inferencia" que surge del hecho de que uno tiene *buena conciencia*, lo que incluye evitar ofender a Dios y a los hombres (Hechos 24:16).

En otras palabras, por la presencia del "fruto del Espíritu" en la vida –"amor, gozo, paz, paciencia, benignidad, bondad, fe, mansedumbre, templanza" (Gálatas 5:22-23)– el creyente tiene la seguridad de la actividad de Dios en su vida. El fruto debe estar presente, si así no fuera, la inferencia es mera ilusión.[11]

Sustituir este testimonio interno con alguna señal externa o fenómeno físico es apartarse de la enseñanza de las Escrituras. El obvio peligro y error al hacer esto es desviar el énfasis primario del Espíritu mismo hasta una expresión de validación. Establecer algún don particular como "la" evidencia de ser enteramente santificado, o de ser bautizado con o llenados del Espíritu Santo, exalta el don en lugar del Dador.

B. La base de la seguridad cristiana

La Escritura dice mucho sobre las evidencias y la seguridad cristiana. Juan habló seis veces sobre *conocer* que estamos en Cristo, que estamos en la verdad y que hemos pasado de muerte a vida (ver 1 Juan 2:3, 5, 29; 3:14, 24; 4:13).

Pedro dijo que al cristiano se le da una "esperanza viva" y el *testimonio del Espíritu* (ver Hechos 15:8-9; 1 Pedro 1:3-4). Pablo aseguró que somos *sellados* y tenemos *mucha seguridad* (2 Corintios 1:21-22; 5:1; Gálatas 4:6; Efesios 4:30; 1 Tesalonicenses 1:5). El escritor de Hebreos afirmó que no perdamos la *confianza* (10:35).

La Biblia positivamente enseña que podemos saber *que* somos aceptados por Dios. *Como* lo sabemos es declarado tan positivamente como el hecho de conocerlo. Juan asegura inequívocamente que pasamos de muerte a vida porque "amamos a los hermanos" (1 Juan 3:14); sabemos que conocemos a Dios porque "guardamos sus mandamientos" (2:3); sabemos que estamos "en él" porque "el amor de Dios se ha [es] perfeccionado en nosotros" (2:5); sabemos que nuestro amor se ha perfeccionado porque nos sentimos confiados en la presencia del Dios santo (4:16-19). Y Pablo confió en el testimonio personal del Espíritu Santo (2 Corintios 1:21-22; Gálatas 4:6; Efesios 1:13), incluyendo el fruto del Espíritu (Gálatas 5:22-23).

La seguridad cristiana no es información acerca de Dios o mero conocimiento por medio de enseñanzas relacionadas a Él. Más bien surge de un "conocimiento" personal que implica una íntima y vital relación con Él. La seguridad cristiana siempre halla su origen aquí, capacita al creyente para confiar y afirmar: "... yo sé a quién he creído, y estoy seguro de que es poderoso para guardar mi depósito para aquel día" (2 Timoteo 1:12).

La total certeza es posible, pero sólo surge de un total compromiso y de una completa limpieza.

Se nos otorga la entera santificación en esta vida –y no en un monasterio

Las promesas del nuevo pacto inscriptas en el corazón del ser humano sobre la restauración de la imagen divina no tiene ningún significado a menos que ese cumplimiento sea para esta vida. La buena noticia es que esto se puede volver realidad ahora. En la entera santificación se disfrutan los beneficios de esas promesas.

El pecado nos aliena de Dios. Se requiere la santidad, o la vida santa, para ver a Dios. Si estas enseñanzas bíblicas son tomadas seriamente, entonces, negar la perfección cristiana o la entera santificación equivale a afirmar alguna forma de "purgatorio" (i.e., la misma muerte o seguido a la muerte) o aceptar la alternativa de que el ser humano pecador será desterrado de la presencia de Dios para siempre.

La entera santificación, obviamente, está diseñada para la vida del ser humano ahora, por lo que hace posible en él. Pablo señala algunos de estos beneficios en 1 Tesalonicenses. Él afirma en la primera parte de la carta que la vida total de santidad comienza en la regeneración, y luego habla de un momento de absoluto compromiso y limpieza hacia el cual será guiado el creyente (Capítulo 7). Es esta relación con Dios –entera santificación– lo que hace posible esta *continua* vida de santidad que Pablo desarrolló en los capítulos iniciales.

A. Totalidad y balance

El pasaje sugiere que, la entera santificación hace la vida del creyente "total" y "completa" –¡Qué *belleza*! La discordia producida por la naturaleza egoísta del ser humano se remueve y reemplaza por algo armónico a la voluntad de Dios. Pablo oraba para que aquellos creyentes fueran santificados "enteramente", o, "de lado a lado" (Lutero). Él subrayó la verdad de que el medio para recibir esta "totalidad de vida" es "el Dios de paz" (1 Tesalonicenses 5:23). La entera santificación trae paz y un equilibrio, que de otra manera no sería posible.

Este descanso interior hace que la vida del cristiano sea hermosa. Los materiales del templo originalmente estaban en condición rústica. Pero, puestos en las manos de un ingenioso artífice se transforman en algo hermoso y de gran utilidad. De la misma manera, en las manos del Dios de paz, el "Gran Artífice", el creyente es moldeado y transformado en algo útil y bello.

Esta totalidad incluye no sólo belleza sino también *balance*. Pablo hablaba, en el pasaje mencionado, de santificación y limpieza de "todo [nuestro] ser, espíritu, alma y cuerpo". En la entera santificación todo el ser se integra y une de manera que trabaja junto para la gloria de Dios. De esta manera, la integridad del ser se realiza en su totalidad. ¡Ningún poder en el universo es capaz de destruir esta totalidad!

B. Servicio y estabilidad

Ambos, limpieza y dedicación, son parte de la santificación bíblica. Al igual que los utensilios en el Antiguo Testamento, necesitan primero limpieza para luego usarlos en la adoración divina; nosotros también necesitamos purificarnos antes de estar dispuestos para el uso del Maestro. Esta limpieza y separación se realiza en la entera santificación.

Aún así, esta separación no significa abandonar la vida cotidiana y recluirse en un monasterio. Jesús oró para que sus discípulos fueran santificados, equipados para ser enviados "al mundo", de la misma manera que el Padre le envió a Él al mundo (Juan 17:15-18). Debe haber separación del espíritu de este mundo –su codicia, su insatisfacción, su modo de conversar, su conducta y egoísmo. Pero habrá amor, compasión y una búsqueda activa de oportunidades de servicio al prójimo en cada relación de la vida.

Ser santo significa cuidar del hambriento, el sediento, el extranjero, el desnudo, el enfermo y los prisioneros, como enseñó Jesús (Mateo 25:35-40). El gran maestro alemán Goethe, dijo: "La conducta es el espejo en donde cada uno muestra su imagen". Aquellos que son portadores de la imagen divina deben distinguirse por sus actos de misericordia y por una conducta que exprese su interés en el prójimo.

La entera santificación produce estabilidad en el corazón, da fortaleza contra la tentación; y en la prueba, fortaleza para resistir. En su gran oración sumosacerdotal Jesús oró al Padre para que enviara su Santo Espíritu para "guardar" o proteger a sus discípulos (Juan 17:11-12). La entera santificación, una gracia que afirma al creyente, es la respuesta del Padre a la oración de Jesús que intercedió por aquellos que han de creer en Él "por la palabra de ellos" (Juan 17:20).

D. I. Vanderpool dijo que el bautismo del Espíritu Santo, o entera santificación, produce "una estructura vigorosamente apuntalada" en el hombre. "Esta es la experiencia que instala refuerzos internos en lugares estratégicos. De esta manera el alma está preparada para resistir pesadas cargas sin doblegarse y soportar los pesados vientos de la tentación sin derrumbarse". Este bautismo "provee para el alma la presencia de un Consolador para las desilusiones de la vida, un Guía que nunca falla para el peregrinaje de la vida... y poder para servir en cualquier lugar en la iglesia" o fuera de ella.[12]

C. Poder divino y limpieza

Pablo, en su carta a los Efesios, destaca los incalculables recursos que están a disposición del cristiano. Afirma que Dios levantó a Jesús de la muerte y lo exaltó a la diestra del Padre, "sobre todo principado y autoridad y poder" (1:20-21). Luego indica que desde la tumba de nuestra desobediencia y pecado, Dios "nos resucitó, y asimismo nos hizo sentar en los lugares celestiales con Cristo Jesús" (1:20; 2:1, 5-6). Esto significa que todos los recursos del cielo están disponibles para aquellos que viven en la presencia de Dios. La "supereminente grandeza de su poder para con nosotros los que creemos" (1:19) está más allá de toda imaginación y comprensión humana.

Pero "tenemos este tesoro en vasos de barro, para que la excelencia del poder sea de Dios, y no de nosotros... para que también la vida de Jesús se manifieste en nuestros cuerpos" (2 Corintios 4:7, 10). El hombre y la mujer fueron creados para depositar en ellos el Espíritu de Dios, la vida misma de Cristo vivida en nosotros. El cuerpo del hombre y la mujer —obviamente en esta vida— serán, así, un instrumento efectivo de testimonio y servicio cristianos.

La entera santificación capacita al creyente para vivir de manera santa en este mundo. Se señala que las palabras "perdón" y "justificar" aparecen 194 veces aproximadamente en

163

las Escrituras, en tanto que las palabras "perfecto", "rectitud", o "santificar" aparecen más de 990 veces y aplicada a la vida que ahora vivimos, más de 500 veces.

Juan declaró: "En esto se ha perfeccionado el amor en nosotros, para que tengamos confianza en el día del juicio; pues como él es, así *somos nosotros en este mundo*" (1 Juan 4:17).

El apóstol amado afirma de manera inequívoca que los creyentes enteramente santificados son como su Maestro, no meramente en la muerte o después de ella, sino *en este mundo*. Aun continúa y dice que la sangre de Cristo "limpia" (no a la hora de la muerte o en el día del juicio, sino en tiempo presente) –"de *todo* pecado" (1 Juan 1:7).

Estas grandes promesas llevaron a Wesley a advertir a los creyentes a no pedir ser "renovados antes de su muerte... Más bien, pidan que sea hecho ahora, hoy..." ¡Apresúrense hombres, apresúrense!

> *¡Permite, que tu alma irrumpa en un poderoso deseo*
> *Para probar Su perfecto deleite;*
> *Que en tu corazón se encienda el fuego*
> *Y que se disuelva en amor!*[13]

"Pues la voluntad de Dios es vuestra santificación" (1 Tesalonicenses 4:3). "Pues no nos ha llamado Dios a inmundicia, sino a santificación" (v. 7). "Y el mismo Dios de paz os santifique por completo; y todo vuestro ser, espíritu, alma y cuerpo, sea guardado irreprensible para la venida de nuestra Señor Jesucristo. Fiel es el que os llama, el cual también lo hará" (5:23-24).

La entera santificación se disfruta en una cierta separación espiritual

Aunque la vida de santidad no es apartarse de las necesidades de gente a nuestro alrededor, hay una cierta clase de separación de todo lo que es secular, material y temporal. Es una vida de aptitud o bienestar espiritual. Es mantenerse en buen estado espiritual para lograr un óptimo uso del potencial poseído para ministrar.

Este entendimiento llevó a Susana Wesley a aconsejar al joven Juan: "Todo lo que debilite tu razón, afecte la sensibilidad de tu conciencia, oscurezca tu sentido de Dios o limite tu disfrute de las cosas espirituales, lo que aumente la autoridad de tu cuerpo sobre tu mente, esto es, para ti, pecado". Una vida controlada y disciplinada por el Espíritu contribuye a la salud social de nuestras comunidades y vecindarios.

En la vida santa hay libertad del pecado, para que el hombre pueda abstenerse "de toda especie de mal" (1 Tesalonicenses 5:22); también hay libertad de mucho de lo que es legítimo, pero secundario. La persona enteramente santificada no permitirá que lo bueno le robe lo mejor de Dios. Al vivir una vida disciplinada, su constante oración es: "Señor, pon una espina en cada momento de gozo, un gusano en cada calabaza que pudiera retardar mi progreso espiritual".

A. Mantener correctas nuestras prioridades

Los cristianos enteramente santificados están dispuestos a dejar atrás algunas cosas que, en sí mismas, no están mal pero desisten de ellas porque demandan tiempo, energía, talento o dinero que puede ser invertido con más sabiduría en el servicio a Dios.

Es en estas áreas en las que hay infinito espacio para el crecimiento y el desarrollo de la santidad. Uno de los grandes desafíos y aventuras de la vida santa es, en palabras de Harold Kuhn, "lograr realizar la transición de carácter a la práctica –de lo que la gran y crucial experiencia de la limpieza del corazón hace al transformar una realidad interna en una realidad externa de conducta que es lo que la santidad cristiana implica".[14]

El desprendimiento del que estamos hablando está relacionado a la constante llenura del Espíritu. El cristiano enteramente santificado no está contento con la limpieza del pecado y separación de las cosas secundarias de la vida; sino que desea ser lleno continuamente del Espíritu. Desea estar arraigado en Cristo, lleno de la plenitud de Dios. Tiene hambre y sed de gracia abundante, vida plena, de una relación con Dios que trae poder y perfección de amor.

Existe una plenitud del Espíritu que, según Daniel Steele, "debe implicar entera santificación –la presencia permanente por gracia en el alma del Espíritu Santo, en su plenitud, no como un don extraordinario, sino como una persona que tiene el derecho de decidir en cada parte del alma y el cuerpo, que posee las llaves de los cuartos más escondidos, y así ilumina cada armario y penetra cada grieta de la naturaleza, y llena todo el ser de amor santo".[15]

B. Continuo crecimiento en la gracia.

La entera santificación remueve los obstáculos fundamentales que impiden crecer en la gracia. En la vida de santidad existe la nutrición producida por las gracias cristianas, un aumento en producir los frutos del Espíritu y aún profundidad de vida espiritual, aumento de gozo en la comunión con Dios, fortalecimiento del carácter y aumento del interés y compasión por el prójimo. Pedro se refirió a este crecimiento de manera específica:

> *"Como todas las cosas que pertenecen a la vida y a la piedad nos han sido dadas por su divino poder, mediante el conocimiento de aquel que nos llamó por su gloria y excelencia... Vosotros también, poniendo toda diligencia por esto mismo, añadid a vuestra fe virtud; a la virtud, conocimiento; al conocimiento, dominio propio; al dominio propio, paciencia; a la paciencia, piedad; a la piedad, fecto fraternal; y al afecto fraternal, amor. Porque si estas cosas están en vosotros, y abundan, no os dejarán estar ociosos ni sin fruto en cuanto al conocimiento de nuestro Señor Jesucristo. Pero el que no tiene estas cosas tiene la vista muy corta; es ciego, habiendo olvidado la purificación de sus antiguos pecados" (2 Pedro 1:3, 5-9).*

Porque uno está *unido* a Cristo y *separado* de lo secular, está preparado para vivir en victoria en cada vicisitud de la vida. Las circunstancias, aunque difíciles, no pueden agobiar su espíritu. Por medio de la disciplina, el crecimiento nos equipa para resistir pruebas y aflicciones, y vivir en la confianza de que "a los que aman a Dios, todas las cosas les ayudan a bien" (Romanos 8:28). Es una vida de victoria que se mantiene momento a momento por medio de la fe activa y obediencia a Cristo. Hay una vitalidad espiritual que produce una plenitud de vida y un júbilo que es contagioso.

C. Nuestro compañerismo santo

Aún cuando la persona enteramente santificada disfruta de una relación *personal* con Dios, no es una relación *individualizada*. Una persona santificada sabe que por gracia es miembro del cuerpo de Cristo. No es algo insignificante que cuando el Nuevo Testamento llama a los creyentes "santos" o "santificados", lo hace en plural. Aquellos que viven una vida santa reconocen que en virtud de estar "en Cristo" forman también parte de la comunión de los santos (1 Corintios 12:12-27; Efesios 4:1-7).

La santidad se sostiene por medio de la vida de Cristo, la vida de la iglesia, la comunidad de creyentes. No existe tal cosa como una "santidad solitaria". Pablo subrayó esta verdad al proclamar que "Cristo amó a la iglesia, y se entregó a sí mismo por ella, para santificarla, habiéndola purificado en el lavamiento del agua por la palabra, a fin de presentársela a sí mismo, una iglesia gloriosa, que no tuviese mancha ni arruga ni cosa semejante, sino que fuese santa y sin mancha... Nadie aborreció jamás su propia carne, sino que la sustenta y la cuida, como también Cristo a la iglesia" (Efesios 5:25-27, 29-30).

Conclusión

El plan de Dios es poseer un pueblo santo. El organismo corporativo de creyentes cristianos es el cuerpo de Cristo, su iglesia. La iglesia es santa en el sentido que Dios, por medio de Cristo, la compró y la proclama como su posesión y, también, en el sentido de que hay creyentes en la iglesia que son moralmente santos o puros de corazón.[16] Pedro llamó a esto una "nación santa" (1 Pedro 2:9), el pueblo redimido por Dios, sus instrumentos para hacer posibles sus propósitos redentores en la historia. El establecimiento de la iglesia es el cumplimiento de la promesa de un nuevo pacto.

La estrategia divina se realiza no sólo por el nuevo pacto –la ley de Dios escrita en el corazón del hombre– sino también por la restauración de la imagen divina, comenzada en la regeneración y continuada en la entera santificación y, aún, más allá hasta la glorificación. "Nosotros todos", pueblo de Dios, "mirando a cara descubierta como en un espejo la gloria del Señor, somos transformados... en la misma imagen, como por el Espíritu del Señor" (2 Corintios 3:18).

Aunque la transformación definitiva yace aún en el futuro, el Espíritu trabaja ahora de manera efectiva en la vida de los seguidores de Cristo haciéndolos como Él.

Pablo enfatizó este crecimiento en ser cada vez más semejantes a Cristo con estas palabras: "Así como el pecado reinó para muerte, así también la gracia reine por la justicia para vida eterna mediante Jesucristo, Señor nuestro" (Romanos 5:21). Esto significa que, como el pecado reinaba anteriormente para muerte, ahora, por medio de Cristo, reina la gracia –progresivamente, hasta cierto punto, pero más poderosamente. ¡"Cuando el pecado abundó, sobreabundó la gracia"! (v. 20).

"A su semejanza" –el legado de cada creyente. Reclamemos nuestra herencia, caminemos en fe y obediencia, y oremos con un deseo ardiente":

Salvador mío, como tú eres
Puro y santo quiero vivir.
Dejando atrás los vanos placeres,
En tus pisadas quiero seguir.

Coro
Hazme, oh Cristo como tú eres,
Mi ser inunda con tu poder.
Ven en tu gloria, Padre bendito,
Tu semejanza quiero tener.

Quiero ser dócil, manso y humilde,
Siempre sumiso, siempre leal;
Mi ser entero gloria te rinde,
Busca anhelante tu santidad.

Hoy purifica toda mi alma
Con fuego santo de tu altar,
Que desarraigue todo lo malo
Para que tú la puedas usar.

— Thomas O. Chisholm

("Oh, to Be Like Thee"; traducción al español del himnario Gracia y Devoción, bajo el título "Salvador mío, como tú eres").

Parte III

EL AMOR MÁS EXCELENTE

"*El cielo de los cielos es amor. No hay nada más elevado en religión; no existe, en efecto, nada más; si usted busca algo diferente que amor, está buscando muy lejos del objetivo; se desvió del camino real. Y cuando usted le pregunta a otros, '¿Recibió usted esta, o esa otra bendición?' Si con esto quiere decir algo más que amor, está equivocado; usted los está desviando del camino y está dándoles pistas falsas. Grábelo en su corazón, desde el momento en que Dios lo salvó de todo pecado, usted está destinado a nada más que, sino más del amor descripto en el capítulo 13 de I de Corintios. Hasta que llegue al seno de Abraham, no podrá lograr más que esto*".

– Juan Wesley

Nuestro desafío como predicadores de santidad ha sido destacado por W. E. Sangster con las siguientes palabras: "Nada, sino un aumento de santos hará a la iglesia poderosa en el mundo... La iglesia no se halla despreciada porque es santa; es rechazada porque no es suficientemente santa".[1] El obispo Gerald Kennedy señaló lo mismo cuando declaró que el ser humano en las calles está buscando las marcas de santidad en los miembros de la iglesia.

Como ministros, renovemos nuestro pacto de predicar santidad y desafiar a nuestra gente a desear y buscar la entera santificación que está disponible por la muerte y resurrección de Cristo y por el don de su Espíritu. Guiarlos hacia la "plenitud de la bendición" y, aún más allá, para que puedan amar con el mismo amor de Cristo, producirá un gozo sin igual.

Nuestro objetivo es ser claros, es decir, que "la entera santificación no es más ni menos que amor puro; el amor expulsa al pecado y gobierna tanto el corazón como la vida del hijo de Dios. El fuego purificador consume todo lo que es contrario al amor".[2]

Es mi oración que este sencillo sermón de santidad, presentado aquí en apenas algo más que un simple bosquejo, pueda inspirar su corazón y mente al ministrar en el nombre de Cristo y por medio del poder santificador de su Espíritu.

El amor más excelente

1 Juan 4:10-21; (v. 17)

Un ejemplo de sermón de santidad expositivo

Introducción

El amor de Dios es la *definición* y la *declaración* del amor puro, amor por el cual todos los amores deben ser evaluados y medidos. Ha sido derramado sobre un hombre indigno y demostrado en la propiciación por los pecados de ese hombre (v. 10).

El amor de Dios en Cristo "derramado en nuestros corazones por el Espíritu Santo" (Romanos 5:5; ver también Tito 3:4-6) es el ejemplo a imitar por el hombre en todas sus relaciones personales y sociales. Este amor es, por sí mismo, la fuente y el poder de todos los demás amores.

Juan Wesley comparó este amor de Dios en el hombre con santidad y vida santa. Él enseñó que "perfección cristiana", o "perfecto amor", es amar a Dios con todo el corazón, alma, mente y fuerzas, y a nuestro prójimo como a uno mismo".

La validez de la afirmación de Wesley nace del pasaje que tenemos ante nosotros. El propósito de toda la epístola es evidente en muchas expresiones, como: "para que sepáis que tenéis vida eterna" (1 Juan 5:13); "para que no pequéis" (2:1); "para que vuestro gozo sea cumplido" (1:4). El propósito de Juan es dirigir a los creyentes hacia la plenitud del amor de

Dios. Lo hace al describir su visión de santidad cristiana, la cual es amor perfecto hacia Dios y hacia el hombre.

Esta epístola es, por lo tanto, una declaración de amor, santidad y de vida victoriosa. Refleja una unión con Dios vital y profunda al enfatizar la verdadera santidad y justicia. El discípulo amado de Jesús combina su entendimiento de *vida en Dios* y la vida de *amor perfecto* con la *llenura del Espíritu*.

El capítulo 4, versículo 17, y los versículos que lo rodean, presentan para los seguidores de Cristo el estándar bíblico de perfecto amor revelado y hecho posible por medio de Jesucristo. El énfasis no es tanto en las etapas o crisis de fe y en la experiencia, a través de las que uno atraviesa para lograr este grado de madurez; sino más bien en la calidad de vida que resulta de la actividad divina ejercida por la gracia que salva y santifica. Lo que tenemos aquí es una descripción de la vida de santidad y de las posibilidades de ser semejantes a Cristo por medio de la plenitud del Espíritu al morar en nosotros.

Nuestro pasaje de la Escritura describe y refleja claramente el carácter de un creyente cuyo amor es *hecho perfecto*. En estos 12 versículos la palabra amor se usa 22 veces. La palabra usada para "amor" traduce dos palabras diferentes del Nuevo Testamento que conllevan diferentes significados. Uno (agape) se usa primeramente para referirse al amor de Dios y se refiere a un amor profundo y constante que no depende del mérito de su objeto. El otro (philia) representa el afecto tierno entre dos seres humanos. En los 22 casos mencionados la palabra original utilizada es la primera. Es decir que estamos hablando acerca del tipo de amor manifestado por Dios.

La epístola de Juan expresa tres diferentes pruebas de vida divina o amor perfecto:

1. Si creemos que Jesús es el Hijo de Dios –por el compromiso de nuestra voluntad.

2. Si vivimos vidas de justicia –de rectitud moral y ética.

3. Si tenemos amor hacia otros –aún por nuestros enemigos.

Cuando le preguntaban, "¿Hay algún ejemplo en la Escritura de personas que alcanzaron el amor perfecto?" Wesley respondía: "Sí, San Juan y todos aquellos a quienes él les habla en 1 Juan 4:17".

Veamos como el apóstol del amor ve un "verdadero" cristiano, alguien que ha sido lleno de amor perfecto. Todos los que somos cristianos debemos preguntarnos: ¿Amo yo con un amor hecho perfecto –con el mismo amor de Cristo?, y que podamos orar junto con Carlos Wesley:

*Amor divino, **oh, amor excelente,***
¡Gozo del cielo, que bajó a la tierra!
Haz en nosotros tu humilde morada;
Corónanos con tu fiel misericordia.
Jesús, tú eres todo compasión;
Tú eres, amor puro e ilimitado,
Visítanos con tu salvación;
Entra a cada tembloroso corazón.

(énfasis añadido)

I. El amor perfecto manifiesta su excelencia en la comunión que preserva (1 Juan 1:3-7)

Primera de Juan posee todas las marcas de un sermón, la tarea de un pastor que busca edificar a su gente en la fe. El autor emplea contrastes gráficos –luz y oscuridad, vida y muerte, santo y pecador, amor y odio, Cristo y anticristo. Cada uno de estos contrastes son prácticamente sinónimos y cualquiera de ellos puede mencionarse por, casi, cualquiera de los restantes. Todos ellos pueden expresarse en la frase "comunión y separación". Juan así enaltece la "comunión", la unión inmediata del alma con Dios que provee justicia en para todas las relaciones de la vida del cristiano. El amor perfecto crea y preserva esta comunión.

A. Esta comunión es un don de Dios por medio de Jesucristo (4:10)

El pecador no puede amar a Dios o tener relación con Él ("No que nosotros hayamos amado a Dios"). Nosotros éramos enemigos de Dios y, aún así, Cristo murió por nosotros. Fue el amor de Dios, no nuestro mérito o nuestro atractivo, que lo llevó a Él a proveer un medio para nuestra salvación.

"Le amamos a él, porque él nos amó primero" (4:19). El amor de Dios por el hombre no es una respuesta a nuestro amor. Nuestro amor, más bien, depende de, y es el resultado de, su amor. El amor real en su origen no es humano sino divino. El amor humano, en el mejor de los casos, es sólo respuesta; nunca es original y espontáneo. Lo maravilloso del método de Dios para ser humano es que Él los ama para que lo amen –por su gracia preveniente y por su gracia transformadora. En esto su amor manifiesta su excelencia.

B. Esta comunión se hace posible por la remoción de nuestros pecados (4:10)

El Padre "envió a su Hijo en propiciación por nuestros pecados". La palabra griega para "propiciación" se usa sólo aquí y en 2:2, y sin ninguna referencia a quien se le ofrece. No debe ser entendida como un intento de apaciguar a Dios sino como una referencia al medio personal por quien Dios muestra su misericordia a aquellos que creen en Cristo. De esta manera la palabra debe ser interpretada como un "sacrificio de expiación".

En y por medio de Cristo el hombre halla misericordia, perdón por sus pecados y paz con Dios. De esta manera, se elimina la alienación y enajenación que separaban al hombre de Dios. Se quitaron la culpa y el poder del pecado, que doblegaban la vida del ser humano y lo ataban. El cristiano queda reconciliado con Dios por medio de la muerte de Cristo, se abre un "camino nuevo y vivo" que nos permite acceder al Padre (Hebreos 10:19-20). Esto elimina la contaminación del pecado, el espíritu de egocentrismo que impide el crecimiento en la gracia. En lo que se refiere a tratar efectivamente con el problema del pecado, el perfecto amor de Dios manifiesta su excelencia.

C. Esta comunión descansa en la confesión de Cristo como Salvador y Señor (4:14-15).

El testimonio descripto, "nosotros hemos visto y testificamos", expresa el común y continuo testimonio de la iglesia (cf. 1:1-5) como es apropiado por la fe personal de cada creyente. La confesión de que "Jesús es el Hijo de Dios" no un mero asentimiento mental, ni tampoco una declaración de, un hecho concreto –pues el diablo también tiene este tipo de fe y "tiembla" (Santiago 2:19). Más bien, es el reconocimiento público y la aceptación de la persona de Cristo como divino salvador. Es la sumisión a Él como Señor y confiar en Él para salvación. Aquel que lo reconoce en su corazón y lo confiesa con su boca, recibe a Cristo y la vida eterna (cf. Romanos 10:9-10).

El cristiano que confiesa esto halla que "Dios permanece en él, y él en Dios" (1 Juan 4:15). Esta presencia recíproca en

177

Dios y en Cristo implica la más íntima comunión con el Padre y con el Hijo, por quien el primero es revelado. Las condiciones de esta relación son amor, confesión y obediencia. Los efectos son una vida plena de frutos y aceptación. La evidencia es la posesión del Espíritu Santo, que derrama el amor de Dios en el corazón e inspira ese sentimiento filial que nos permite orar "¡Abba, Padre!" (Romanos 8:15; Gálatas 4:6). Reconocer al Padre y su obra, que es resultado de la gracia de Dios, certifica la auténtica relación de hijo.

El amor perfecto preserva esta comunión –así manifiesta su excelencia.

II. El amor perfecto manifiesta su excelencia en la seguridad que provee

El hombre no puede lograr la aceptación de Dios por medio de buenas obras o acumulando méritos, tampoco por medio de nuestra posición social y económica –sino, sólo por gracia por medio de la fe en Jesucristo. El apóstol Pablo falló en su intento de hallar paz con Dios por medio de su propia justicia. Había sido circuncidado al octavo día de vida, pertenecía a la descendencia de Israel, de la tribu de Benjamín, era hebreo de hebreos y fariseo. Perseguía a la iglesia con celo, lo que en la mente judía era una virtud. En cuanto a la ley, era intachable. Pero, su dependencia en todas estas "virtudes" sólo aumentaba su culpa y ponía aún más en evidencia su extrema pobreza espiritual. Pero cuando se encontró con Jesucristo en su camino a Damasco y aceptó Su justicia, su vida fue transformada y fue aceptado en "el amado". Luego testifica en Filipenses: "Pero cuantas cosas eran para mí ganancia, las he estimado como pérdida por amor a Cristo" (3:7).

A. *Dios nos asegura que le pertenecemos al darnos su Espíritu de amor (1 Juan 4:13)*

La esencia de la seguridad cristiana es el don del Espíritu Santo (ver 1 Juan 3:24; también Romanos 8:15-16). Aquí está la divina presencia de quien Jesús dijo que lo pediría al Padre para que la enviara a sus discípulos y a todos sus seguidores, por todas las edades (Juan 14:16). El Espíritu Santo trae seguridad al cristiano porque el diablo ha sido juzgado, y todos los que moran en Dios, y Dios en ellos, poseen esa victoria sobre el malo (Juan 16:11).

El Espíritu Santo es la prueba cristiana de ser aceptado por Dios. Su presencia permite al cristiano saber que pertenece a Dios. El Espíritu es la evidencia de la comunión que existe en la comunidad del Cuerpo de Cristo, porque todos experimentan la misma presencia. Mientras, por un lado, el Espíritu Santo respeta y mejora la individualidad de cada creyente, se hace posible con su presencia una unicidad que asegura a cada miembro ser parte del común compañerismo hecho posible por medio de Él. Esta unanimidad es la unidad de su fe en Jesucristo. Esta confesión la motiva la presencia del Espíritu.

Es por esta razón que el Espíritu centra la atención en la persona de Jesús. Cuando nosotros decimos "sentir el Espíritu", lo que queremos decir es que sentimos la presencia de Cristo. Cuando el Espíritu mora en nosotros, nos capacita para exaltar a Cristo, esto es la confirmación de que le pertenecemos.

B. *Dios nos da la seguridad, o "confianza", para el día del juicio –por medio de Cristo (1 Juan 4:17)*

Vivir en el amor de Dios y permitir que fluya por nuestro medio hacia otros lleva fruto de confianza santa. El temor del juicio se desvanece porque vemos en la persona de nuestro Juez a aquel que murió por nosotros, regeneró nuestros corazones y nos llenó con su misma presencia. El escritor de Hebreos expresa una ansiedad virtualmente universal de la humanidad cuando dice que todos morirán y después de esto enfrentarán el juicio (9:27). Ya sea el juicio del gran trono blanco (Apocalipsis 20:11-15) o el juicio de las consecuencias de esta vida, esto produce temor.

El amor de Dios en nuestros corazones brinda confianza porque uno conoce que el Juez de todo está realizando su propósito en nuestra vida. Esta confianza llega al creyente porque está siendo transformado a imagen de Cristo, el estándar por el cual será juzgado. Lo que se le pedirá al creyente al final ya sucede por medio del amor de Dios que limpia y capacita el corazón del hijo de Dios. El amor de Dios nos quita el temor ante el juicio, porque juicio es lo que acontece en la persona en quien el amor de Dios es hecho perfecto.

Juan declara con firmeza, "como él es" –puro, santo, amoroso– "así somos nosotros en este mundo" (v. 17) –salvos de nuestros pecados, hechos como Él "en la justicia y santidad de la verdad" (Efesios 4:24). La base de nuestra confianza, entonces, es la presente semejanza a Cristo. Nuestra semejanza esencial no es en nuestras pruebas, o persecuciones, o sufrimientos, ni siquiera en el hecho primario de que no somos de este mundo como Él no es de este mundo. Más bien, es en el hecho de que somos *justos* como Él es *justo*. Somos semejantes a Cristo en su carácter y su Espíritu.

C. *El perfecto amor echa fuera el temor (1 Juan 4:18)*

En el "amor no hay temor" porque el miedo separa pero el amor une. El amor que es *perfecto* hecha fuera el temor. El miedo tiene que ver con el castigo de Dios y es un aspecto de su disciplina –"el temor lleva en sí castigo". Quien teme lo hace porque no ha sido perfeccionado en amor y por lo tanto se aísla de Dios.

Bengel dijo que existen cuatro clases de personas:

1. Aquellos que *no tienen miedo ni amor* –los no regenerados, inconversos. No poseen ni amor ni temor de Dios.

2. Aquellos que *tienen temor de Dios, pero no lo aman* –los no regenerados pero que ya tienen convicción; ya captaron un destello de su pecaminosidad y tienen temor.

3. Aquellos que *tienen temor y amor* –los nuevos regenerados, bebés en Cristo, recién convertidos. Aman a Dios pero aún tienen temor por causa de su impureza interior.

4. Aquellos que *sólo tienen amor por Dios* –los cristianos en quien el amor de Dios fue perfeccionado. Aquellos cuyo corazón fue limpiado de todo pecado interior y fueron enteramente santificado (para usar nuestra terminología).

Alguien le preguntó al Dr. J. G. Morrison: "¿Cuánta religión necesita el hombre para llegar al cielo?" Él respondió: "Suficiente como para sentirse cómodo en la presencia de un Dios santo". Para esto es necesario un corazón santo.

"El perfecto amor echó fuera el temor".

No debemos suponer que el amor de Dios implantado en el corazón del ser humano es imperfecto en sí mismo; lo es sólo hasta cierto punto. Pero puede haber un menor o mayor grado de lo que es perfecto en sí mismo. Así también sucede con respecto al amor que tienen los seguidores de Cristo. No estamos para imaginar que el amor de Dios echa *todo* tipo de miedos del alma –el miedo de caer de una gran altura, miedo al fuego y muchos otros. Pero el perfecto amor echa fuera el temor al "tormento" –miedo hacia el mismo Dios. Estamos frente a Él en adoración y reverencia, pero no nos escondemos de Él por miedo a ser juzgados caprichosamente.

Cuanto más crecemos como cristianos en la gracia, más son removidos otros tipos de miedo: miedo a fracasar, miedo a que otros nos traicionen, miedo a las opiniones de la gente. Estos tipos de miedo distorsionan nuestra perspectiva, afectan las relaciones, retardan el crecimiento y anulan el desarrollo. Hay miedos que enceguecen el juicio moral e inflaman las pasiones.

El amor es positivo; el miedo es negativo. Estos son mutuamente exclusivos. Cuanto alguien más ama, menos teme. Cuando más teme, menos ama. Aunque algunos miedos pueden ser útiles, "No hay nada constructivo que el miedo haga por nosotros que el amor y la confianza no puedan hacer mejor" (T. E. Martin). El amor perfecto nos capacita para aceptar cada día y todo lo que trae consigo, en confianza y con valor. Así es como muestra su excelencia.

III. El perfecto amor muestra su excelencia en el servicio que promueve (1 Juan 4:7-8, 11, 20-21)

A. El amor a otros se encuentra arraigado en el amor por Dios, o en el amor de Dios (v. 21)

"Si Dios nos ha amado así, debemos también nosotros amarnos unos a otros" (v. 11). Nosotros debemos amar a aquellos que son parte de la comunión de creyentes. Aún así, Jesús le dijo a sus discípulos que si ellos amaban sólo a aquellos que les amaban, no tendrían recompensa (Mateo 5:46). Esto incluye amar a nuestros enemigos e incluye amar a quienes nos persiguen (Mateo 5:43-45). Amar a otros, aún a nuestros enemigos, no es algo tan inalcanzable cuando vemos la actividad de Dios en nosotros. El amor que tenemos por Dios y otros, procede de la presencia de Dios que mora en nosotros. Dios mora en aquellos que lo aman y, de esta manera, su amor se perfecciona en ellos.

El amor perfecto es la obra de Dios en el corazón del creyente. Parte de la naturaleza de Dios es no sólo amar sino, además, hacer posible llevar ese amor a su realización plena o perfección. La santidad cristiana es el fruto de la relación de amor con Dios. Es lo que Él pretende para cada uno que ha nacido otra vez del Espíritu.

La iniciativa, desde ya, pertenece a Dios. Nosotros no perfeccionamos su amor en nosotros, Él lo hace. Cuando abrimos nuestros corazones al amor de Dios en compromiso, consagración, fe y obediencia, estamos unidos al propósito para el cual nos creó Dios. Comenzamos a ser lo que deseamos llegar a ser. Esta intención se hace concreta a medida que el amor de Dios se perfecciona en nosotros. Al tener esta perfección de amor, uno puede ver a Dios. Jesús dijo, "Bienaventurados los de limpio corazón, porque ellos verán a Dios" (Mateo 5:8). Esta perfección o pureza de corazón es un amor desinteresado y generoso que no ama esperando recibir algo en retorno sino que haya su gozo en dar.

B. *Odio, o desinterés por otros, evidencia la falta de perfecto amor* (1 Juan 4:20).

Juan plantea una pregunta retórica: Si alguien "no ama a su hermano a quien ha visto, ¿cómo puede amar a Dios a quien no ha visto?" La implicancia es que si un hombre falla en la responsabilidad de amar a alguien con quien interactúa diariamente, no puede realizar la tarea más compleja de amar a alguien a quien nunca vio y cuya existencia es invisible para él, excepto por medio de los ojos de la fe. Juan, hasta aquí, no mencionó directamente nuestro amor por Dios. Ahora él lo saca a la luz e insiste que nuestro amor por Dios es validado por nuestro amor hacia otros.

Amar a otros, con un amor perfecto no es algo opcional sino un mandamiento: "Tenemos este mandamiento de él: El que ama a Dios, ame también a su hermano" (v. 21). Esto puede ser una referencia al sumario de la ley mosaica que llama a amar a Dios con todo el corazón y al prójimo como a uno mismo (Levítico 19:18; Deuteronomio 6:5; Mateo 22:37-39; Marcos 12:30-31; Lucas 10:27). El mandamiento es un mandamiento de amor. Amor, al ser la verdadera naturaleza de Dios, contiene su propia motivación que le lleva a autoexpresarse hacia otros. La prueba de que el amor es real, perfecto, en su pleno sentido cristiano, yace en él en la acción abierta hacia la que se dirige. No hay amor real por Dios que no se manifiesta a sí mismo en obediencia a sus mandamientos –amor que es vivido en cada oportunidad en todos los segmentos de nuestra sociedad. En esto se manifiesta la excelencia del amor perfecto.

Conclusión

La belleza de este pasaje de la Escritura sólo es comparable con 1 Corintios 13 –el "himno del amor". "Dios es amor" (1 Juan 4:16). Él dio a conocer su amor al hombre por medio de su Hijo, despertando como un eco la respuesta del hombre, que se hace evidente en actos visibles de servicio a otros.

La pregunta es: ¿Ha llegado la *belleza* de este amor perfecto a decorar nuestras vidas? ¿Hemos confesado nuestra falta de amor y la consagración de nuestra vida a Dios? ¿Amamos a Dios en este momento con todo nuestro corazón, alma, mente y fuerzas, y a nuestro prójimo (también a nuestros enemigos) como a nosotros mismos?

Si así no es, por su gracia podemos lograrlo. Su amor puede ser implantado en nuestros corazones por medio de la llenura del Espíritu Santo. Por fe podemos recibir a aquel que es amor, permitiéndonos y capacitándonos para amar "porque él nos amó primero". "En esto nuestro amor es hecho perfecto".

Así este amor manifiesta su excelencia sobre todo otro amor.

APÉNDICE

Esto creemos:

«La doctrina y experiencia de santificación como una segunda obra de gracia;

»que... Dios... es santo en naturaleza, atributos y propósito;

»Creemos en el Espíritu Santo... que Él está siempre presente y eficazmente activo en la Iglesia de Cristo y juntamente con ella, convenciendo al mundo de pecado, regenerando a los que se arrepienten y creen, santificando a los creyentes y guiando a toda verdad la cual está en Jesucristo;

»que el pecado original continúa existiendo en la nueva vida del regenerado, hasta [ser desarraigado] *que el corazón es totalmente* limpiado por el bautismo con el Espíritu Santo;

»Creemos que Jesucristo, por sus sufrimientos, por el derramamiento de su preciosa sangre, y por su muerte [meritoria] en la cruz, hizo una expiación plena por todo el pecado de la humanidad, y que esta expiación es la única base de la salvación...

»que la entera santificación es aquel acto de Dios, subsecuente a la regeneración, por el cual los creyentes son hechos libres del pecado original, o depravación, y son llevados a un estado de entera devoción a Dios y a la santa obediencia de amor hecho perfecto. Es efectuada por el bautismo con el Espíritu Santo y encierra en una sola experiencia la limpieza del corazón de pecado, y la presencia permanente del Espíritu Santo, dando al creyente el poder necesario para la vida y servicio.

»La entera santificación es provista por la sangre de Jesús, es efectuada instantáneamente por fe, y es precedida por la entera consagración; y el Espíritu Santo da testimonio de esta obra y estado de gracia.

»Esta experiencia se conoce también con varios nombres que representan sus diferentes fases, tales como "perfección cristiana", "amor perfecto", "pureza de corazón", "bautismo con el Espíritu Santo", "plenitud de la bendición" y "santidad cristiana".

Pasos hacia la santidad

I. SANTIFICACIÓN INICIAL (Conversión); justificación, regeneración, adopción

A. Arrepentimiento –confesión y abandono de todos los pecados pasados, conocidos y no conocidos

B. Restitución –corregir todo lo malo, en la medida que seamos capaces y, en algunos casos donde otros no sean lastimados con nuestra acción.

C. Fe –aceptar la promesa de Dios de perdón y confiar entregándose uno mismo a Dios; confianza en la misericordia de Dios y no en nuestros propios méritos.

D. El testimonio del Espíritu –el Espíritu de Dios llevando testimonio a nuestro espíritu de que somos hijos de Dios, una nueva criatura en Cristo

E. Caminar en la luz –obediencia a Dios en el día a día y fidelidad en el servicio. Allí habrá una creciente conciencia de una oposición interna que obstruye nuestro testimonio e insiste en que vivamos según nuestro propio y egoísta estilo de vida.

II. ENTERA SANTIFICACIÓN (limpieza de la naturaleza del pecado y llenura del Espíritu Santo)

A. Un claro reconocimiento de la nuestra conversión –conciencia de que hemos sido aceptados por Dios y que no somos desobedientes a sus mandamientos.

B. Sed y apetito creciente por Dios –reconocer nuestra necesidad de completa limpieza del pecado interno y un deseo creciente de que nuestra voluntad se amolde con la voluntad de Dios.

C. Evitar todo aquello que pueda dañar nuestra influencia a favor de Dios –una disposición a dejar de lado aun cosas legítimas si es que limitan nuestro servicio a Dios y a otros.

D. Una búsqueda definitiva por la bendición –una expresión de nuestra determinación de pertenecer totalmente a Dios.

E. Consagración –la rendición, de una vez y para siempre, a Dios de nuestro ser redimido –tiempo, talento, tesoros, pasado, presente y futuro; un abandono total hacia Dios.

F. Apropiación por fe –la aceptación del don de Dios de la llenura del Espíritu, permitiendo que Dios tome control completo de nuestra vida sin reservas.

III. SANTIFICACIÓN CONTINUA (crecimiento en la gracia)

A. Caminar en la luz continuamente –reconocimiento de nuestras omisiones y faltas; alabar a Dios por todas las cosas buenas; aceptación gozosa de su voluntad y liderazgo.

B. Cultivar por gracia las virtudes de Cristo; una vida de gozo, reflejando a Cristo, paz y victoria.

C. Aumento de nuestra sensibilidad por nuestras obligaciones sociales y oportunidades de expresar a otros el amor de Dios.

IV. SANTIFICACIÓN FINAL (glorificación)

A. El don de un cuerpo perfecto, glorificado, como el cuerpo de Cristo resucitado.

B. La completa restauración de todo lo que se perdió en la caída de Adán.

Glosario de términos

Términos generales de santidad

1. *Bautismo con el Espíritu Santo* —una expresión amplia que incluye la entera santificación, la limpieza moral del corazón, pero enfatiza la actividad positiva de Dios —capacitando para el servicio, etc.

2. *Perfección cristiana* —algunas veces usado como sinónimo de entera santificación; sin embargo, generalmente se refiere a la vida —ambos aspectos, actitud y actos— de santidad

3. *Llenura del Espíritu* —enfatiza la presencia de Dios en la vida del creyente; enfatiza el aspecto progresivo y continuo de la vida llena del Espíritu. Hay sólo un bautismo en al sentido de limpieza instantánea y capacitación, aunque hay "muchas llenuras".

4. *Santo* —la condición de ser apartado para el servicio a Dios —ambos, personas y cosas; la condición o estado de ser moralmente puro, libre de pecado.

5. *Santidad* —expresa la condición o cualidad de quien es santo; es la consecuencia de haber sido santificado; generalmente se refiere a la vida de santidad.

6. *Santificar* —(1) hacer sagrado o santo; separar para un uso santo; consagrar por medio de los ritos apropiados; consagrar (2) hacer libre del pecado; limpiar de corrupción o polución moral; purificar.

7. *Santificación* –el acto y/o proceso por el cual uno es hecho santo; la actividad de Dios por la cual los afectos del hombre son purificados de pecado y exaltado a un amor supremo a Dios.

8. *Santificación (inicial)* –el lavado o limpieza de la culpa del pecado; el principio de la vida de santidad, simultánea con la regeneración.

9. *Santificación (entera)* –el lavado o limpieza de la polución o espíritu del pecado, subsecuente a la regeneración; es el acto de Dios realizado instantáneamente por medio de la fe en el que el creyente es limpiado de la esencia del pecado y lleno con el amor de Dios.

10. *Santificación (continua)* –limpieza momento a momento condicionada a obediencia momento a momento y fe; la continua actividad de Dios en el cristiano, capacitándolo para progresar y crecer en la vida de santidad.

11. *Amor perfecto* –es la expresión del espíritu o temperamento, o atmósfera moral, en la que vive el enteramente santificado (J. A. Wood); una alianza indivisa con la voluntad de Dios y una búsqueda activa del bienestar de otros, aún de nuestros enemigos.

Términos relacionados a la santidad

1. *Adopción* –aquel acto de Dios por el que somos introducidos a la familia de Dios y se nos dan todos los derechos, privilegios y la herencia de hijos. Sucede al momento de la conversión.

2. *Expiación* –la obra reconciliadora de Dios lograda por medio de la muerte de su Hijo en el Calvario.

3. *Mente carnal* –el espíritu de insumisión en el hombre; egocentrismo por el cual el hombre no se sujeta a la ley de Dios; un espíritu contrario al Espíritu de Cristo.

4. *Consagración* –acto del hombre por el que se separa para Dios, aunque es capacitado por la gracia de Dios. Mientras que cada persona en busca de salvación hace un completo compromiso con Dios, hasta el punto en que le es posible y está consciente de la necesidad, técnicamente, este es un acto de una persona regenerada.

5. *Depravación* –denota la pecaminosa perversión de la naturaleza del hombre, que afecta a cada miembro de la familia humana; profanación, corrupción, espíritu de degeneración, que permanece aún después de la conversión.

6. *Erradicación* –es el acto de Dios por el cual la raíz del pecado es removida, destruida, limpiada. Aunque la palabra no se halla en la Biblia, expresa el significado bíblico de "crucificar", "eliminar", "purgar", "sacar" y algunos más.

7. *Glorificación* –la perfección del cuerpo dada al hombre en el último día y diseñado según el cuerpo resucitado de Cristo.

8. *Flaquezas* –se refiere a los poderes naturales del hombre afectados, resultado de la caída del hombre y de la conducta pecaminosa del mismo. Algunas veces producen errores, fallas de juicio, acciones equivocadas.

Aún cuando estas "fallas" no son, estrictamente hablando, pecados, necesitan el perdón de Cristo y el beneficio de su expiación.

9. *Justificación* –es el acto de Dios por el cual el hombre es perdonado de su pecado y aceptado por Dios. Sucede en la conversión a Dios.

10. *Pecado original* –describe la fuente u origen del pecado del hombre, perversión de naturaleza que lleva al surgimiento de manifestación de pecado; también llamado pecado "innato" o de "nacimiento".

11. *Regeneración* –es el acto de Dios por el cual el hombre es hecho nuevo, nacido de arriba o del Espíritu, resucitado de la muerte del pecado a una nueva vida en Cristo. Es simultánea con la justificación y la adopción.

12. *Pecado (pecados)* –acciones externas o actitudes internas que incurren en culpa, requieren perdón.

13. *Pecado (pecaminosidad)* –contaminación, o espíritu de desobediencia, que mueve a procurar hacer siempre nuestra voluntad, requiere limpieza.

Otros términos usados en este estudio

1. *Inmanencia* –cuando se aplica a Dios, se refiere a su cercanía, su accesibilidad, su penetrante presencia entre los hombres y en la historia.

2. *Soteriología* –viene de dos palabras griegas que significan "salvación" y "el estudio de". Significa, por lo tanto, "el estudio de la salvación" según es provisto y realizado por Cristo.

3. *Trascendencia* –cuando se aplica a Dios, se refiere a su majestad, su gloria, el hecho de ser "totalmente otro" en relación al hombre. Su poder y pureza trascienden la comprensión del hombre.

NOTAS

PARTE I

Capítulo 1

1. Oswald Chambers , *Conformed to His Image* (Fort Washington, Pa.: Christian Literature Crusade, 1950), 37.

2. Oswand Chambers, *God's Workmanship* (Fort Washington, Pa.: Christian Literature Crusade, 1953), 48.

3. Richard S. Taylor, *Preaching Holiness Today* (Kansas City: Beacon Hill Press of Kansas City, 1968), 14. También en español bajo el título *La santidad en el púlpito moderno*, Casa Nazarena de Publicaciones.

4. Ver E. Stanley Jones, *Is the Kindom of God Realism?* (New York: Abingdon-Cokesbury Press, 1940), también en español bajo el título *¿Es realidad el Reino de Dios?*; también The Unshakable Kingdom and the Unchanging Person (Nashville: Abingdon Press, 1972).

5. Taylor, *Preaching Holiness*, Cap. 1.

6. Citado en William M. Greathouse, *The Fullness of the Spirit* (Kansas City: Nazarene Publishing House, 1958), prefacio.

7. Gideon B. Williamson, *Preaching Scriptural Holiness* (Kansas City: Beacon Hill Press, 1953), prefacio.

Capítulo 2

1. Juan Wesley, *"The Circumcision of the Heart"*. In Wesley's

Standard Sermons, ed. Edward H. Sugden (London: Epworth Press, 1921), 1:273 citado de aquí en adelante como WSS.

2. Mildred Bangs Wynkoop, *"The Preaching of Holiness"* (artículo no publicado, 1968). Ver también su *Theology of Love* (Kansas City: Beacon Hill Press of Kansas City, 1972).

3. Ibid.

4. Juan Wesley, *"A Plain Account of Christian Perfection"*, en The Works of John Wesley, ed. Thomas Jackson, 3rd., 14 vols. (London: Wesleyan Methodist Book Room, 1872; reprint Kansas City: Beacon Hill Press of Kansas City, 1978-79), 11:387. De aquí en adelante citado como WJW.

5. *Manual de la Iglesia del Nazareno* 2005-2009, punto 13, pp. 34-35

6. Para la discusión de algunas de estas "interpretaciones equivocadas" ver Parte II, Cap. 7.

7. Textos básicos usados por Juan Wesley en la predicación de la santidad:

(1) Ezequiel 36:25-26, 29

(2) Mateo 5:8

(3) Mateo 5:48

(4) Mateo 6:10

(5) Juan 8:34 ff.

(6) Juan 17:20-23

(7) Romanos 2:29

(8) Romanos 12:1

(9) 2 Corintios 3:17 ff.

(10) 2 Corintios 7:1

(11) Gálatas 2:20

(12) Efesios 3:14-19

(13) Efesios 5:27(14)

(14) Filipenses 3:15(15)

(15) 1 Tesalonicenses 5:23

(16) Tito 2:11-14

(17) Hebreos 6:1

(18) Hebreos 7:25

(19) Hebreos 10:14	(25) 1 Juan 2:25-29
(20) Santiago 1:4	(26) 1 Juan 3:3
(21) 1 Juan 1:5, 7	(27) 1 Juan 3:8-10
(22) 1 Juan 1:8-9	(28) 1 Juan 4:12-13
(23) 1 Juan 2:5-6	(29) 1 Juan 4:17-18
(24) 1 Juan 2:12-15	(30) 1 Juan 5:13-21

Para obtener una lista ligeramente diferente ver W. E. Sangster, The Path to Perfection (New York: Abingdon Press-Cokesbury, 1943), 37-52.

8. *Manual 2005-2009*, punto 14, p. 35.

PARTE II

Capítulo 3

1. Norman H. Snaith, *Distinctive Ideas of the Old Testament* (London: Epworth Press, 1944), 22.

2. Ibid., 30.

3. A. B. Davidson, *The Theology of the Old Testament* (Edimburgh: T. and T. Clark, 1904), 152.

4. D. Shelby Corlett, *The Meaning of Holiness* (Kansas City: Beacon Hill Press, 1944), 14.

5. Asbury Lowrey, *Possibilities of Grace* (Boston: Christian Witness Co., 1884), 103

6. R. F. Weidmer, *Biblical Theology of the Old Testament* (Minneapolis: Augustana Book Co., n.d.), 72

7. Emil Brunner, *The Christian Doctrine of God* (London: Lutterworth Press, 1949), 1:164.

8. H. Orton Wiley and Paul Culbertson, *An Introduction to Christian Theology* (Kansas City: Beacon Hill Press, 1946), 105. También disponible en español bajo el título *Introducción a la teología cristiana*, Casa Nazarena de Publicaciones.

9. T. C. Vriezen, *An Outline of Old Testament Theology* (Newton, Mass.: Charles T. Branford Co., 1960), 141.

10. George Allan Turner, *The Vision Which Transforms* (Kansas City: Beacon Hill Press of Kansas City, 1964), 120.

11. Paul Gray, *"Jeremiah"*, in *Beacon Bible Commentary* (Kansas City: Beacon Hill Press of Kansas City, 1966), 4:430. También disponible en español bajo el título *"Jeremías"*, *Comentario Bíblico Beacon*, Vol. 4, Casa Nazarena de Publicaciones).

Capítulo 4

1. La Biblia ocasionalmente se refiere al *rostro de Dios* (Levítico 17:10; Números 6:25), al *brazo del Señor* (Éxodo 6:6; Job 40:9; Salmos 89:13), a la "mano de Jehová" (Jueces 2:15; Isaías 59:1), al "ojo/s de Jehová" (2 Crónicas 16:9; Salmos 33:18), y así sucesivamente. Estas expresiones se las denomina antropomorfismos, una forma de acomodar al conocimiento limitado del hombre e ilustrar en su inhabilidad de describir lo que es infinito.

2. J. B. Chapman, *The Terminology of Holiness* (Kansas City: Beacon Hill Press, 1947), 24.

3. Brunner, *Christian Doctrine of God*, 2:93.

4. Wiley and Culbertson, *Introduction to Christian Theology*, 164-65.

5. *WSS*, Sugden, ed., 1:188, 183.

6. Para una discusión de estas teorías, véase H. Orton Wiley, *Christian Theology*, 3 vols. (Kansas City: Beacon Hill Press, 1940-43), 2:109-19.

7. Juan Wesley, *The Doctrine of Original Sin* (New York: J. Soule and T. Mason, 1817), 97, 313.

8. *WJW*, 9:335.

9. W. T. Purkiser, *Belief That Matter Most* (Kansas City: Nazarene Publishing House, 1959), 44.

Capítulo 5

1. Para una buena discusión y resumen de lo cual aquí dependo, ver Donal Metz, *Studies in Biblical Holiness* (Kansas City: Beacon Hill Press of Kansas City, 1971), 56-70; and Turner, *Vision Which Transforms*, 27-32, 98-114.

2. Snaith, *Distinctive Ideas of the Old Testament*, 66.

3. Turner, *Vision Which Transforms*, 30.

4. Ibid., 104.

5. Ibid., 105.

6. WJW, 12:934, 11:395-96.

7. W. T. Purkiser, *Conflicting Concepts of Holiness* (Kansas City: Beacon Hill Press, 1953), 51. También disponible en español bajo el título Conceptos en conflictos sobre la santidad, Casa Nazarena de Publicaciones.

8. Merne A. Harris y Richard Taylor, *"The Dual Nature of Sin"*, en The Word and the Doctrine, ed. Kenneth Geiger (Kansas City:

Beacon Hill Press of Kansas City, 1965), 96.

9. Los párrafos que siguen a continuación se usaron con permiso de John Knight, *The Holiness Pilgrimage* (Kansas City: Beacon Hill Press of Kansas City, 1973), 86-88.

10. Harris and Taylor, *Word and the Doctrine*, 108.

Capítulo 6

1. D. M. Baillie, *God Was in Christ* (New York: Charles Scribner's Sons, 1948), 194.

2. A. H. Strong, *Systematic Theology* (Westwood, N.J.: Fleming H. Revell Co., 1907), 266.

3. R. S. Taylor, *The Right Concept of Sin* (Kansas City: Beacon Hill Press, 1945), 92. También disponible en español bajo el título *El concepto correcto de pecado*, Casa Nazarena de Publicaciones.

4. Ibid., 96.

5. Ibid., 99-100.

6. Wiley, *Christian Theology*, 1:383.

7. Lowrey, *Possibilities of Grace*, 179.

8. F. C. Grant, *An Introduction to New Testament Thought* (New York: Abingdon-Cokesbury Press, 1950), 184.

9. Ralph Earle, *"The Nature and Extent of Atonement"*, in Geiger, Word and Doctrine, 175.

10. James Stewart, *A Man in Christ* (New York: Harper and Bros., d.d.), 152-53.

11. Friedrich Buechsel, *"Katallasso (Reconciliation) in the*

New Testament", in Theological Dictionary of the New Testament, ed. Gerhard Kittel, trans. G. W. Bromiley (Grand Rapids: Wm. B. Erdmans Publishing Co., 1964), 1:255.

12. Knight, *Holiness Pilgrimage*, 34.

13. Wiley, *Christian theology*, 2:264.

14. Knight, *Holiness Pilgrimage*, 36 f.

15. Earle, *Word and Doctrine*, 177. Estoy en deuda con el Dr. Earle por su excelente artículo y por varias de las referencias usadas en este capítulo.

16. Delbert R. Rose (quoting Paul Rees), "Entirely the Lord's" en *The Holiness Pulpit, Nº 2*, Com. Por James McGraw (Kansas City: Beacon Hill Press of Kansas City, 1974), 36.

17. T. A. Hegre observó que el apóstol Pablo no menciona explícitamente "pecado" (singular) en los primeros capítulos de Romanos. Desde 1:1 hasta 5:11 él habló sólo de "pecados" (plural). Desde 5:12 en adelante él se refiere a "pecado" sólo en singular. "Es muy significativo", dice Hegre "que en la primera sección de Romanos en conexión con pecados, Pablo (habló) de la sangre de Cristo pero nunca de la cruz. Por el contrario, en la última sección Pablo nunca (mencionó) la sangre de Cristo sino sólo la cruz de Cristo". La distinción puede ser un poco artificial, mientras que Hegre está sugiriendo que la sangre de Cristo trata con los pecados cometidos, mientras que la cruz trata con la naturaleza pecaminosa. Véase Hegre, *How to Find Freedom from the Power of Sin* (Minneapolis: Bethany Fellowship, 1961), 66-67.

18. Esta discusión se apoya en parte en un documento escrito por W. M. Greathouse, no publicado. "The Dynamics of Sanctification: Biblical Terminology", presentado en la

Conferencia Teológica Nazarena, Kansas City, Diciembre 4-6, 1969.

19. T. A. Hegre, *The Cross and Sanctification* (Minneapolis: Bethany Fellowship, 1960), 14.

20. Greathouse, "The Dynamics of Sanctificaction", 18.

Capítulo 7

1. Knight, *Holiness Pilgrimage*, 92-93.

2. G. B. Williamson, Re-created in the Image of God, en *The Holiness Pulpit*, Com. Por James Magraw (Kansas City, Beacon Hill Press, 1957), 29.

3. W. M. Greathouse, *The Fullness of the Spirit* (Kansas City: Nazarene Publishing House, 1958), 96.

4. H. V. Miller, *The Sin Problem* (Kansas City: Beacon Hill Press, 1947), 71.

5. Greathouse, *Fullness of the Spirit*, 11.

6. Wiley, *Christian Theology*, 2:441.

7. Daniel Steele, *Love Enthroned* (New York: Nelson and Phillips, 1977), 29.

8. Rose, *Holiness Pulpit*, Nº 2, 40.

9. Sangster, *Path to Perfection*, 52.

10. Wiley, *Christian Theology*, 2:444.

11. George Lyons ha afirmado: "Se ha exagerado el valor del tiempo aoristo en la interpretación de los pasajes de santidad... La gramática griega sola es una base insuficiente para defender el punto de vista que la entera santificación comienza

en un momento de crisis subsecuente a la regeneración. Una generación anterior de expertos en la tradición de santidad (e.g., Daniel Steele y Olive Winchester) exageraron la evidencia gramatical en relación a la entera santificación como una 'segunda obra de gracia'. Para un cuidado apropiado contra una dependencia excesiva en este argumento véase 'El Bautismo del Espíritu-Continuado', *Wesleyan Theological Journal 15*, Nº 2 (1980): 70-74; y a Randy Maddox, 'El uso de el tiempo aoristo en la Exégesis de santidad', *Wesleyan Theological Journal 16*, Nº 2 (1981):106-18". (George Lyons, Holiness in Everyday Life [Kansas City: Beacon Hill Press of Kansas City, 1992], 48, Nº 3). También disponible en español bajo el título Santidad en la vida diaria I y II, Casa Nazarena de Publicaciones. Por otro lado, J. Kenneth Grider, a pesar de ciertas "reservas", aún insiste que el tiempo aoristo es "en algunos contextos apoyo en cuanto al aspecto instantáneo de la entera santificación". Sin embargo él reconoce que, en algunos casos, el contexto debe determinar la interpretación. Véase su *Wesleyan-Holiness Theology* (Kansas City: Beacon Hill Press of Kansas City, 1994), 395-96.

12. Lyons reconoce que el verbo "presentar" u ofrecer, en Romanos 12:1-2, implica un acto decisivo de compromiso permanente. Pero es la imagen del sacrificio que justifica esta afirmación en lugar del tiempo aoristo del verbo (Lyons, *Holiness in Everyday Lilfe*, 48).

13. W. M. Greathouse, Romans, Vol. 6 de *Beacon Bible Expositions* (Kansas City: Beacon Hill Press of Kansas City, 1975), 106.

14. Fulton J. Sheen, "The Psychology of Conversion", en *Peace of Soul* (New York: McGraw-Hill, 1940), 236-43.

15. *The Works of the Rev. John Fletcher*, 4 Vols. (New York:

Phillips and Hunt, 1883), 4:113-14. Citado de aquí en adelante como *FW*.

16. *WJW*, 8:328.

17. Estoy en deuda con Jack Ford por su idea y por la fraseología. Véase su *What Holiness People Believe* (Lowestoft, England: Green and Co., n.d.), 62-63.

18. Paul Rees en su Glide Lectures dadas en el Seminario Teológico Asbury, *Asbury Seminarian* (spring 1948): 11 ff. Quoted in Ford, *What the Holiness People Believe*, 61.

19. Ford, *What the Holiness People Believe*, 62-64.

20. *WJW*, 11:419; véase también 6:412.

21. Ibid., 11:428.

22. Este principio muy útil fue sugerido por Ponder Gilliland en un documento no publicado, "Problems of Failure in the Sanctified Life", leído en la Conferencia Teológica Nazarena, Kansas City, Diciembre 4-6, 1969.

Capítulo 8

1. Wiley, *Christian Theology*, 2:479.

2. Wesley's *Explanatory Notes upon the New Testament*, 1 John 4:18.

3. Estos se tomaron prestados del sumario de W. E. Sangster de las enseñanzas básicas de Juan Wesley (que creemos contiene el fundamento bíblico) concerniente a santidad, entera santificación o perfección cristiana.

4. *WJW,* 6:45, 46.

5. Ibid., 11:394.

6. Ibid., 6:45.

7. Ibid., 50-51.

8. *FW*, 4:431.

9. Se señala con frecuencia que entera santificación es análoga al nuevo nacimiento, que sucede de manera instantánea en el creyente: Ambos son expresiones del amor divino (Juan 3:16; Efesios 5:25-27); ambos están sujetos a la voluntad de Dios (1 Tesalonicenses 4:3; 1 Timoteo 2:3-4); ambos se logran por la Palabra de Dios (Juan 17:17; 1 Pedro 1:23); ambos los ejecuta el Espíritu Santo (2 Tesalonicenses 2:13; Tito 3:5); ambos los provee la expiación de Cristo (Romanos 5:9; Hebreos 13:12); ambos son por gracia y no por obras (Efesios 2:8-9; Tito 2:11-14); ambos son por fe (Hechos 15:8-9; Romanos 5:1). Véase *Exploring Our Christian Faith*, W. T. Purkiser, ed., (Kansas City: Beacon Hill Press, 1960), 354-56. También disponible en español bajo el título *Explorando nuestra fe cristiana*, Casa Nazarena de Publicaciones.

10. *WSS*, 2:459-60.

11. Ibid., 1:208, 226-27. Véase también 2:343-44.

12. D. I. Vanderpool, "The Baptism with the Holy Ghost", in McGraw, *Holiness Pulpit, Nº 2*, 32-33.

13. *WJW*, 11:403.

14. Harold B. Kuhn, "Ethics and the Holiness Movement", in *Insights into Holiness*, Comp. Kenneth Geiger (Kansas City: Beacon Hill Press, 1962), 245.

15. Daniel Steele, *A Defense of Christian Perfection* (New York: Hunt and Eaton, 1896), 110.

16. Corlett, *The Meaning of Holiness*, 112.

PARTE III

1. W. E. Snagster, The Pure in Heart (New York and Nashville: Abingdon Press, 1954), 60.

2. Juan Wesley, The Letters of John Wesley, ed. John Telford (London: Epworth Press, 1931), 5:223.

Apéndice

1. Preámbulo de la Constitución y Artículos de Fe, Manual.

www.ingramcontent.com/pod-product-compliance
Lightning Source LLC
Chambersburg PA
CBHW021926040426
42448CB00008B/928